기도 마스터

김남준 현 안양대학교의 전신인 대한신학교 신학과를 야학으로 마치고, 총신대학교에서 목회학 석사와 신학 석사 학위를 받았으며, 신학 박사 과정에서 공부했다. 안양대학교와 현 백석대학교에서 전임 강사와 조교수를 지냈다. 1993년 **열린교회**(www.yullin.org)를 개척하여 담임하고 있으며, 현재 총신대학교 신학과 조교수로도 재직하고 있다. 저자는 영국 퓨리턴들의 설교와 목회 사역의 모본을 따르고자 노력해 왔으며, 아우구스티누스를 비롯한 보편교회의 신학과 칼빈, 오웬, 조나단 에드워즈와 17세기 개신교 정통주의 신학에 천착하면서 조국교회에 신학적 깊이가 있는 개혁교회 목회가 뿌리내리기를 갈망하며 섬기고 있다.

주요 저서로는 **1997년도 기독교 출판문화상**을 수상한 『예배의 감격에 빠져라』와 **2003년도 기독교 출판문화상**을 수상한 『거룩한 삶의 실천을 위한 마음지킴』, **2005년도 기독교 출판문화상**을 수상한 『죄와 은혜의 지배』, **2015년도 기독교 출판문화상**을 수상한 『가슴 시리도록 그립다, 가족』을 비롯하여 『깊이 읽는 주기도문』, 『인간과 잘 사는 것』, 『영원 안에서 나를 찾다』, 『교회와 그리스도의 남은 고난』, 『신학 공부, 나는 이렇게 해왔다 제1권』 등 다수가 있다.

기도 마스터

ⓒ 생명의말씀사 2016

2016년 6월 27일 1판 1쇄 발행

펴낸이 | 김재권
펴낸곳 | 생명의말씀사

등록 | 1962. 1. 10. No.300-1962-1
주소 | 서울시 종로구 경희궁1길 5-9(03176)
전화 | 02)738-6555(본사) · 02)3159-7979(영업)
팩스 | 02)739-3824(본사) · 080-022-8585(영업)

지은이 | 김남준

기획편집 | 태현주, 김정주
디자인 | 박소정, 조현진, 윤보람
인쇄 | 영진문원
제본 | 정문바인텍

ISBN 978-89-04-16551-3 (03230) 그레이

저작권자의 허락없이 이 책의 일부 또는 전체를
무단 복제, 전재, 발췌하면 저작권법에 의해 처벌을 받습니다.

기도 마스터

김 남 준

【기도 마스터】 이 책의 제목은 기도의 모든 것에 '통달한다.'(mastering)는 의미가 아닙니다. 기도의 싸움에서 승리하며 살아가는 '익숙한 전사'(master)가 된다는 의미입니다. 더불어 우리가 기도 가운데 바라보아야 할 유일한 분은 우리 삶의 주인이신 예수님(the Master) 뿐이라는 사실을 의미합니다.

저자 서문

기도를 마스터할 수는 없지만

이 책은 이미 오래전에 출간되었다가 지금은 절판된 동일 제목의 책을 복간한 것입니다. 요즘 시대에 맞는 문장과 표현으로 전면적으로 개편하여 새롭게 출간할 생각도 있었습니다만, 당시 이 책을 집필할 때 주셨던 은혜와 이 책을 통해 많은 독자들이 얻었던 신앙적 유익을 고려해 볼 때 가능한 한 본래 원고에 손을 대지 않는 것이 적절할 것이라고 판단하였습니다.

그때나 지금이나 많은 성도들이 기도에 관하여 배우고 싶어합니다. 더 깊은 기도의 세계로 들어가기를 소망합니다. 우리 시대의 교회가 선조들의 열렬한 기도의 전통을 계승하고 있지 못한 것은 사실이지만, 그럼에도 불구하고 성도들은 여전히 열렬한 기도생활을 그리워하고 있습니다.

이러한 성도들에게 기도의 실천을 독려하는 것이 이 책의 목표입니다. 그러나 기도하고 싶어하는 성도들의 어려움은 조금 다른 데 있는 것 같습니다. 기도하라는 도전 앞에 즉시 기도할 수 있다면 그 사람의 기도생활은 아직 건강한 편입니다. 오히려 많은 성도들은 기도할 수 없는 다양한 이유와 환경으로 인해 힘겨운 씨름을 하고 있습니다. 이 책은 그러한 처지에 있는 성도들을 구체적으로 돕기 위해 쓰여졌습니다.

그래서 이 책은 현재 기도의 용사로 살아가고 있는 '거룩한 기도의 대가(?)'들을 위한 책이 아닙니다. 기도에는 기도에 관한 모든 것을 다 끝냈다는 의미의 '마스터'(mastering)는 없기 때문입니다. 오히려 지금은 비록 기도의 동산에 움튼 작은 묘목에 불과하지만 언젠가는 기도의 전사가 되어 영적인 거목으로 자라고 싶어하는 성도들을 위한 책입니다. 그들로 하여금 기도의 싸움에서 승리하며 살아가는 '익숙한 전사'라는 의미의 '마스터'(master)가 되도록 돕고자 합니다.

기도에 게을러 다소 편안하게 지내던 사람의 육체도 죽고 나면 한 줌의 흙으로 변하고, 시시때때로 하나님의 얼굴을 구하며 고달픈 삶을 살던 사람의 육체도 그러할 것입니다. 그러나 거룩한 하나님과의 감미로운 교제 속에서 살았던 성도들은 그 영광스러운 죽음의 날에, 일생 동안 누렸던 하나님과의 사랑의 감격으로 인하여 말할 수 없는 기쁨 속에서 가슴에 손을 모을 것입니다. 지극한 평안과 기쁨이 얼굴에 가득한 채로, 미끄러지듯이 삶 이편에서 죽음 저편을 갈 것입니다. 기도 가운데 항상 뵈옵던 주님과의 만남이 기다리는 그곳으로……

2016년 4월
그리스도의 노예 김남준

시작하는 글

전설의 금광 이야기

　한 소년이 있었습니다. 그는 할아버지로부터 마을 뒤편에 있는 높은 산에는 많은 금이 묻혀 있다는 전설 같은 이야기를 들으면서 자랐습니다. 많은 사람들이 그 금을 캐기 위해 도전하였지만 실패하였다는 말에, 그는 어른이 되면 꼭 그 금을 캐고 말겠다는 꿈을 꾸게 되었습니다.

　시간이 흘러 어른이 된 그 소년은 자신의 꿈을 따라 버려진 산으로 가서 광맥을 찾아 파기 시작했습니다. 오랜 세월 동안 버려진 곳이었기에 갱도는 이미 무너져 땅 속에 묻혀 있었습니다. 그는 파고 또 파고들었습니다. 그러나 아무런 진전 없이 시간만 흘러갔습니다. 동업하던 사람들도 거의 다 떠나갔고, 금광 개발을 위해 모아 두었던 돈도 이제 바닥을 드러냈습니다. 그의 곁을 지키는 광부 몇 사람만이 거의 포기한 상태에서 힘없이 곡괭이질을 하고 있었습니다.

　그는 더 이상 이 일을 지속할 수 없을 것 같았습니다. 이제는 포기해야겠다고 마음먹었습니다. 그때였습니다. 굴속에서 커다란 고함 소리가 들렸습니다. "여기, 뭔가가 있다!" 사람들이 소리 나는 쪽으로 달려가 보았더니 그곳에는 너무 오래되어 손잡이 부분은 썩어 없어진 곡괭이 하나가 꽂혀 있었습니다. 곡괭이는 좀처럼 뽑히지 않았습니다. 여러 사람이 매달려 힘껏 힘을 쓰고 나서야 가까스로 뽑을 수 있었습니다. 그런데 곡괭이 날 끝에 노란 것이 묻어 있었습니다. 자세히 살펴보니 그것은 금이었습니다. 금이 맥을 형성하고 있는, 흔히 말하는 노다지였습니다.

예전에 그 금광을 개발하던 어떤 사람들이 이곳까지 들어왔다가 마지막으로 곡괭이를 한 번 강하게 내리찍었던 것 같습니다. 그런데 그 곡괭이를 아무리 잡아 빼려고 하여도 빠지지 않자 그것을 그냥 박아 둔 채로 포기하고 돌아섰던 것입니다.

기도의 위대함은 한순간의 열렬함이 아니라 그런 기도를 가능하게 하는 그의 견고한 기도의 세계에 있습니다. 그리고 견고한 기도의 세계는 날마다 자기를 드리는 치열한 영적 싸움에서 승리함으로써 구축됩니다. 물론 우리로 하여금 깊은 기도 속에서 열렬히 간구하게 하시는 분은 하나님 자신입니다. 그러나 하나님께서는 그렇게 기도하고자 하는 사람들을 도우십니다. 하나님께서는 견고한 기도생활을 이어 가려고 순종하는 사람들에게 기도의 능력을 주신다는 것입니다.

그렇다면 하나님께서는 '전지'(全知)한 분임에도 불구하고 왜 우리에게 기도를 통해서 필요한 바를 구하라고 하실까요? 큰일과 작은 일을 구분할 필요가 없을 정도로 '전능'(全能)한 분임에도 불구하고 무엇 때문에 큰일에는 오래도록 절박하게, 또 많이 기도하라고 하실까요? 이에 대해 칼빈(John Calvin)은 『기독교강요』(*Institutes of the Christian Religion*)에서 우리가 필요로 하는 것을 모두 아시는 하나님께서 우리로 하여금 기도하게 하시는 이유를 다음과 같이 설명합니다. 먼저, 모든 좋은 것이 오직 하나님께로부터 온다는 것을 알게 하기 위함입니다. 다음으로, 우리로 하여금 하나님만을 의지하며 살게 하기 위함입니다.

우리의 신앙생활에 기도가 없다면 우리의 영적인 삶은 파괴되고 고갈될 것입니다. 게으른 기도생활은 우리의 신앙생활을 허물고 견고한 기도의 세계를 구축하지 못하게 할 것이며, 자기를 쏟아붓지 않는 기도생활은 잠시 활동을 멈추었던 옛 성품을 살아나게 할 것입니다. 또한 견고함 없이 흔들리는 기도생활은 우리를 신령한 가치를 따라 살지 못하게 할 것입니다.

그래서 우리의 기도생활은 늘 열렬하게 유지되어야 합니다. 그러기 위해서는 기도 없이 살아가는 하루하루의 삶에 대해 스스로 이의를 제기하고 제동을 걸 수 있어야 합니다. 간당간당하게 때우듯 넘어가는 기도생활에 대해 후회하며 돌이킬 수 있어야 합니다. 그리고 자신에게 물어야 합니다. "내가 이렇게 기도하지 않고 살아도 괜찮은가?"

하나님의 지성소로 나아갈 때마다 하나님을 대면할 수 있는 사람들은 마치 은혜의 세계에서 VIP가 된 것과 같습니다. 그 사람들은 얼마나 행복한 사람들일까요? 거룩한 은혜의 세계를 늘 드나들면서 하나님을 대면하는 사람들, 거기로부터 험한 세상을 이길 힘을 얻고 날마다 하나님과의 사랑의 비밀을 쌓으며 사는 사람들은 얼마나 복된 사람들일까요?

그렇게 살았던 그리스도인들의 풍성한 신앙 세계를 생각하면 오늘날 우리의 은혜 생활은 초라하기 그지없습니다. 아아, 하나님의 은혜의 세계는 얼마나 넓은가요? 하나님의 은혜의 세계는 하나님의 광대하심만큼이나 끝이 없습니다. 그러나 우리가 아는 하나님의 은혜는 얼마나 초라한가요? 우리는 마치 드넓은 은혜의 바다 한가운데를 항해하며 그분의 위대하심을 맛보는 대신, 바닷가에 쪼그리고 앉아 모래 장난이나 하면서 만족하고 있지는 않은가요?

우리가 어떻게 하면 하나님을 대면하며 사는 즐거움을 깨달을 수 있을까요? 하나님이 가장 소중하기에 그분과 교제하며 살 수 있다면 다른 모든 것은 아무래도 좋다는 생각을 삶으로 고백한다면, 하나님께서는 당신을 그토록 즐거워하는 우리를 보면서 얼마나 기뻐하실까요?

이 모든 물음은 우리에게 기도에 대한 사무치는 갈망을 불러일으킵니다. 깊고 간절한 기도의 세계는 전설 속의 금광과 같기 때문입니다.

목차

저자 서문 기도를 마스터할 수는 없지만 — 04
시작하는 글 전설의 금광 이야기 — 06

1장 환경은 우리 편이 아니다 예수님에게서 배운다   15

예수님의 하루 | 환경은 우리를 돕지 않는다 | 기도 없이는 살 수 없다 | 하나님의 도움심으로 산다 | 새벽에 기도하신 예수님 | 내 마음의 고독한 곳 | 기도, 언어의 고백 | 기도 속에서 살아야 한다

2장 겸비함이 기도의 문을 연다 세리에게서 배운다   35

기도에 관한 가르침 | 기도의 영광은 응답 | 하나님 없이 살 수 없다 | 겸비한 자에게 은혜를 주신다 | 참회하는 자를 의롭다 여기신다 | 응답함이 있는 의인의 기도 | 의인의 기도에는 힘이 있다

3장 기도로 사랑을 경험한다 시인에게서 배운다   53

사랑에는 과정이 필요하다 | 사랑, 신앙생활의 기초 | 응답하시는 주님을 사랑하며 | 사랑이 깊으면 신뢰도 깊다 | 사랑하는 만큼 순종한다 | 주님과 함께 걷는 길

4장 결단 없이 기도할 수 없다   다니엘에게서 배운다   69

뜻을 정한 소년들 | 기도의 사람, 다니엘 | 먼저 뜻을 세우라 | 거룩한 강인함이 필요하다 | 견고한 삶의 기초, 거기 있는 것 | 거룩한 목표가 있습니까? | 그 뜻을 지키기 위해 기도하라

5장 낙심이 기도를 망친다   과부에게서 배운다   87

낙심이라는 대적 | 두 가지 종류의 눈 | 기도는 자판기가 아니다 | 하나님보다 기도 응답을 더 사랑합니까? | 본질을 고치시는 하나님 | 관계의 경험에서 오는 힘 | 삶에서 잊혀지지 않는 기도 제목 | 간절한 기도가 사람을 바꾼다 | 원한이 된 기도 제목이 있습니까? | 속히 그 원한을 풀어 주시리라

6장 불화가 기도를 막는다   남편들에게서 배운다   111

기도가 수렁에 빠지지 않았습니까? | 가정과 교회 | 가장 가까운 사람, 남편과 아내 | 너희 아내와 동거하라 | 아내를 귀히 여기라 | 돌덩이 같은 마음의 가장 | 가장의 영광스러운 특권 | 생명의 은혜를 함께 이어받을 자 | 손 꼭 잡고 함께 가는 길

7장 말씀으로 기도가 깊어진다 에스라에게서 배운다 129

기도의 고통을 아십니까? | 기도의 사람, 에스라 | 말씀의 감화가 기도를 부른다 | 말씀을 깨달아야 올바로 기도한다 | 말씀을 깨달을 때 순종할 수 있다 | 조용히 주님의 음성에 귀를 기울이라

8장 믿음으로 기도가 불붙는다 무화과나무에서 배운다 147

믿음, 기도의 토대 | 믿음이 있어야 순종할 수 있다 | 타오르는 사모함이 있습니까? | 믿음의 사람들 | 삶을 의탁하는 믿음 | 순례자의 마음으로 기도하라 | 오직 믿음으로

9장 기도로 더 큰 능력을 얻는다 제자들에게서 배운다 165

기도와 능력은 함께 간다 | 그리스도인의 삶의 본질, 영적인 싸움 | 우리의 힘만으로는 안 된다 | 능력 있는 그리스도인의 삶의 원천 | 성령의 능력을 사모하라 | 사는 모습으로 기도를 안다 | 성령의 능력이 필요한 삶

10장 하나님의 은혜로 산다 삼손에게서 배운다 183

강함 가까이 있는 약함 | 하나님의 능력으로 산다 | 부르짖는 자의 샘 | 기도로 환경을 이긴다 | 은혜의 샘을 터트리시는 하나님 | 시련 속에서도 주시는 은혜

11장 삶의 개혁으로 기도가 강해진다 야곱의 집에서 배운다   **199**

언제나 기도할 수 있도록 기도해 주십시오 | 삶의 변혁이 응답을 부른다 | 안일함에서 돌이키라 | 앉아서 상상만 하십니까? | 돌이키기 힘듭니까? | 하나님과의 친교를 꿈꾸며

12장 종말 신앙으로 기도가 간절해진다 시대에서 배운다   **215**

때를 알라 | 정신을 차리라 | 근신하라 | 기도하라 | 주님이 곧 오실 것처럼

13장 기도가 교회를 일으킨다 교회를 주신 경륜에서 배운다   **229**

은총의 시대에 일어날 성전의 변화 | 영적이고 내면적인 것 | 거룩한 산에 오르는 사람들 | 기도의 사람이 기도의 집을 만든다 | 나 혼자 믿는 것으로 만족할 수 없다 | 기도의 사람이 필요하다 | 기도의 사람들을 본받아

참고 문헌   **246**

1장

환경은 우리 편이 아니다

예수님에게서 배운다

새벽 아직도 밝기 전에 예수께서 일어나 나가
한적한 곳으로 가사 거기서 기도하시더니

막 1:35

예수님의 하루

마가복음 첫 장은 예수님의 일상이 어떠했는지를 우리에게 생생하게 보여줍니다. 먼저 예수님께서는 회당에서 말씀을 전하셨습니다(막 1:21). 그곳에서 사람들에게 마음을 다하여 복음을 전하고 귀신을 내쫓으셨습니다(막 1:22-26). 그 후에는 베드로의 장모가 병들어 누워 있는 집을 방문하여 그녀를 치료해 주셨습니다(막 1:29-31).

그렇게 하루 종일 섬기시다 보니 어느덧 "저물어 해 질 때"가 되었습니다(막 1:32). 요즘 말로 하면 퇴근 시간이 된 것입니다. 인간의 몸이었기에 주님 역시 피곤하셨을 것입니다. 그런데 각색 병든 사람들이 예수님께로 모여들었습니다. 성경은 얼마나 많은 사람들이 모여들었던지 "온 동네가 그 문 앞에 모였더라"고 말합니다(막 1:33). 팔다리가 온전하지 못한 사람, 귀신 들린 사람, 대소변을 받아 내야 하는 위중한 환자들과 앉은뱅이, 눈먼 자와 같은 사람들이었습니다.

예수님께서는 그들을 어떻게 대하셨을까요? "오늘 일과는 모두 끝났으니 돌아가고 내일 오시오."라고 하지 않으셨습니다. 방 안에 편안히 누운 채로 "모두 낫거라!" 한마디로 그들을 치유하지도 않으셨습니다. 예수님

께서는 마치 섬기기 위해 온 종저럼 그들을 돌보셨습니다. 아마도 한 사,
한 사람을 어루만지며 고쳐 주셨을 것입니다(눅 4:40). 그리고 그들에게 하
나님의 말씀을 전하는 것도 잊지 않으셨을 것입니다.

예수님의 사역은 깊은 밤이 되어서야 겨우 끝났을 것입니다. 어쩌면 새
벽녘까지 이르렀을지도 모릅니다. 성경은 이렇게 피곤한 하루를 보내시
고 난 다음날 일어난 일을 다음과 같이 기록합니다.

> 새벽 아직도 밝기 전에 예수께서 일어나 나가 한적한 곳으로 가사 거기서 기
> 도하시더니(막 1:35).

환경은 우리를 돕지 않는다

성도들에게 기도하도록 권면할 때가 있습니다. 그러면 어떤 성도들은
이렇게 말합니다. "목사님, 저도 압니다. 그러나 제가 지금은 기도할 수
있는 상황이 아닙니다." 저는 그렇게 답하는 사람들에게 묻고 싶습니다.

그러면 어느 때가 되면 기도할 수 있을까요? 언제쯤이면 환경이 우리 편이 되어 우리로 하여금 기도할 수 있도록 할까요? 편안할 때는 편안하기 때문에, 힘들 때는 힘들기 때문에 기도하지 못하는 것이 우리의 모습이 아닙니까?

제가 신학교에 다닐 때의 일입니다. 당시 저와 제 친구는 모두 결혼하여 가정을 이루고 있었습니다. 그는 가족의 경제적인 부분을 책임지기 위해 틈틈이 일하여야 했고, 저 역시 교회 일과 아르바이트로 시간에 쫓기는 생활을 하던 때였습니다. 가끔 우리 둘이 마주 앉을 때면 넋두리처럼 하는 말이 있었습니다. 생계 걱정 없이 학교 공부에만 몰두하는 동기생들을 부러워하면서 말입니다. "우리는 언제 공부 좀 실컷 해 보나!"

그런데 어느 날, 이 친구가 만면에 웃음을 띠면서 이렇게 말하였습니다. "드디어 하나님께서 공부만 하게 해주셨어!" 이제 여러모로 환경이 열려서 직장을 그만두고 공부에만 전념할 수 있게 되었다는 것입니다. 저는 그 친구가 얼마나 부러웠는지 모릅니다. 하지만 6개월쯤 지난 후 이 친구가 다시 틈을 내서 일을 해야겠다고 말하는 것이었습니다. 그는 고백하기를 시간이 없을 때는 단 10분이라도 헛되게 쓰지 않으려고 몸부림쳤는데 한가하게 여러 달을 지내고 나니 하나님을 가까이하는 것이 아니라 텔레비전을 가까이하는 자신을 발견하였다는 것입니다.

이러한 경험은 인간이 얼마나 연약한 존재인지를 보여줍니다. 시간이 부족하고 여건이 어려울 때는 하나님을 간절히 찾지만, 모든 것이 넉넉해서 부족함이 없을 때는 우리의 마음도 부유해져 간절히 하나님을 찾지 않는 경우가 많습니다(계 3:17). 물론 바쁘고 복잡한 생활을 한다고 해서 모두 하나님께 간절히 매달리는 것은 아닙니다. 청소년 시절에는 입시 공부에 쫓겨서, 대학에 들어가서는 젊음을 즐기고 취직 준비를 하느라, 직장에 들어가서는 일 배우는 게 힘들어서, 결혼을 하고 나서는 가정을 돌보고 아이들 키우는 게 정신없어서, 나이가 들어서는 건강이 안 좋아서 기도하지 못합니다.

그러므로 우리는 처음부터 환경이 우리의 기도생활을 도와주리라고 생각하지 말아야 합니다. 거룩하고 견고한 기도생활을 이어 온 성도들은 오히려 환경과 싸워 이긴 사람들이었습니다. 흔들리지 않는 기도생활을 위해서는 환경의 도움이 아니라 하나님의 은혜와 우리의 열심이 필요한 법입니다.

예수님을 보십시오. 그분은 지금 기도할 수 있는 환경이 되었기 때문에 기도하러 가신 것이 아니었습니다. 환경을 이기며 기도하신 예수님의 모습은 우리의 처지가 어떠하든지, 기도하면 살고 안 하면 죽는다는 각오로 기도해야 함을 우리에게 가르쳐 주는 생생한 시청각 교재입니다.

기도 없이는 살 수 없다

예수님의 모습을 상상해 보십시오. 잠들어 있는 제자들이 깰세라 발꿈치를 들고 조용히 숙소를 빠져나와 아직 어둠이 가시지 않은 새벽에 한적한 곳으로 걸어가십니다. 그리고 한곳을 정하고 기도하셨습니다.

여러분은 좀 이상하다고 생각되지 않습니까? 능력이 없는 사람이 힘겨운 일을 감당할 때는 당연히 하나님께 매달려야 합니다. 죄 가운데 있어서 곤고한 사람은 마땅히 하나님의 용서의 은혜를 구해야 합니다. 지혜가 모자란 사람은 하늘의 지혜를 사모하며 기도해야 합니다. 그러나 예수님께서는 하나님의 아들이셨습니다(요 10:36). 성령의 능력을 한없이 받은 분이었기에 모든 일이 그분에게는 가능하셨습니다(요 3:34). 우리와 같은 육신은 입었지만 죄 없는 분이셨습니다(히 4:15). 그래서 늘 하나님과 친밀한 교제 가운데 사셨습니다. 또한 그분은 하늘 지혜로 충만한 분이셨습니다. 그런데 그분이 왜 그토록 환경과 싸우면서 기도의 자리로 나아가셨을까요? 아무런 부족함이 없으신 예수님께서 이처럼 마음을 기울여 기도하시는 모습은 우리에게 두 가지 면에서 의미가 있습니다.

첫째로, 예수님의 기도생활은 우리를 위한 것입니다. 예수님께서 사람의 몸을 입고 이 세상에 오신 것은 이중적인 목적이 있습니다. 하나는 하나님의 사랑을 우리에게 보여주기 위해서, 다른 하나는 참 인간이 어떻게 하나님 앞에서 살아야 하는지를 보여주시기 위해서입니다. 우리는 예수님의 삶을 보면서 참사람이 어떻게 이 땅에서 살아야 하는지를 봅니다.

그러므로 예수님께서 이 땅에서 기도하면서 사신 것은 그 누구도 기도 없이는 살 수 없음을 몸소 보여주기 위함입니다. 기도하면서 사는 것이 참 인간의 마땅한 삶이라는 것입니다. 능력이 한없는 주님, 순결함과 거룩함에서 결코 흠이 없는 주님께서 이처럼 기도로 사셨다면 죄가 많고 불완전한 우리는 얼마나 더 많이 하나님께 매달려 기도해야 하겠습니까?

저는 육군사관학교에서 방위병으로 근무하였습니다. 그런데 어느 날 버스가 늦게 도착해서 그만 지각을 하고 말았습니다. 저와 같은 처지에 있던 방위병 몇 사람과 함께 뛰면서 위병소 앞을 지나려는데 헌병이 우리를 불러 세웠습니다. 그 헌병은 막대기로 우리들의 배를 쿡쿡 찌르면서 다짜고짜 이렇게 말하는 것이었습니다. "야 이 자식들아! 너희들이 별 넷이야?"

처음에는 교도소에 갔다 왔는지를 묻는 줄 알았습니다. 하여튼 뭔지는 잘 모르겠지만 아니라고 대답해야 할 것 같아서 "아닙니다!"라고 큰소리로 대답했습니다. 그랬더니 이렇게 말하는 것이었습니다. "야, 인마! 별

셋짜리 교장 선생님도 조금 전에 들어가셨는데 너희들이 이제야 들어가 니 별 넷이 아니고 뭐야? 똑바로 해 이 자식들아! 그런 의미에서 토끼뜀을 시작한다. 실시!"

우리가 예수님보다 높습니까? 우리가 기도하지 않고도 잘 살아갈 궁리를 하는 것을 보면서 혹시 천사들이 우리의 무릎을 발로 툭툭 차면서 이렇게 말하지 않을까요? "야, 이 사람들아! 너희들이 예수님보다 높아?"

하나님의 도우심으로 산다

둘째로, 예수님의 간절한 기도생활은 하나님의 지녀답게 살게 하는 모든 힘의 근원이 오직 하나님께로부터 온다는 사실을 보여줍니다. 예수님께서는 기도생활을 통해서 우리에게 이렇게 말씀하시는 것 같습니다. "얘들아, 내가 비록 성자 하나님이지만 이 세상에 살아 있는 동안 이 능력은 내 안에서 나오는 것이 아니라 하늘 아버지께서 주시는 것이란다. 나는 오직 그분의 능력으로 이 땅에서 고난도 이기고, 너희도 섬기며, 십자가도 질 수 있단다."

기도할 수 없는 환경에서도 기도하며 사신 예수님의 모범은 우리로 하여금 하나님 아버지께로부터 오는 도움과 은혜를 힘입어 살아가도록 부르시는 초청입니다. 오직 하나님만을 의지해서 살라는 부르심입니다.

우리가 기도하는 것은 하나님의 도움이 없이는 살 수 없는 존재임을 알기 때문입니다. "하나님, 이 험난한 세상을 어찌 저 혼자의 힘으로 살아갈 수 있겠습니까? 도와주십시오. 주님의 도움 없이는 단 한 시간도 살 수 없는 연약한 인생입니다."

하나님께서 주시는 은혜에 대한 목마름, 하나님 자신을 추구하는 삶, 하나님의 거룩한 이름이 온 땅에 두루 선포되기를 그리워하는 소원, 하나님과의 만남을 깊이 사모하는 마음, 이 모든 것은 하나님만을 절대적으로 의존하는 신앙에서 나옵니다(시 57:5).

그래서 하나님을 의지하는 마음이 깊으면 깊을수록 더 많이 기도하게 되고 기도를 안 하면 안 할수록 하나님을 덜 의지하게 됩니다. 신앙이 완전히 바닥까지 내려가서 아무것도 안 남은 사람, 희망이 없이 무너져 버린 사람들은 하나님께서 도와주시지 않으면 아무 소망이 없습니다. 그런데 그런 사람들일수록 기도하지 않습니다. 하지만 하나님의 은혜 안에서 살아가는 사람들은 잘 살아가면서도 하나님이 아니면 살 수 없을 것처럼 하나님께만 매달립니다. 그러기에 신앙의 영역에서도 가난한 자는 더욱 가난하게 되고, 부유한 자는 더욱 넉넉하게 되는 현상이 일어납니다.

새벽에 기도하신 예수님

우리는 기도하시는 예수님의 모습을 통해 기도의 시간과 장소, 기도 자체에 관한 교훈을 살펴보려고 합니다.

첫째로, 기도의 시간입니다. 예수님께서 기도하시러 간 시간에 대하여 성경은 "새벽 아직도 밝기 전"이라고 말합니다. 이 표현은 예수님께서 기도하신 때가 아직 어둠이 사라지지 않은 이른 새벽임을 가리킵니다. 우리가 성경에 나오는 이 단어만으로 새벽기도의 교리를 만드는 것은 무리가 있을 수 있습니다. 그러나 우리의 경험이 가르쳐 주는 확실한 사실 하나는, 특별한 경우를 제외하고는 새벽에 기도하지 않으면 그날에 기도할 수 있는 시간을 갖기 힘들다는 것입니다.

저는 오래전에 예수님께서 왜 새벽에 기도하셨을까를 생각하다가 큰 은혜를 받은 적이 있습니다. 예수님께서 새벽을 기도 시간으로 택하신 데에는 별다른 뜻이 있었던 것은 아니었습니다. 단지 낮에는 하나님을 섬기고 영혼들을 돌봐야 했기 때문에 너무 분주하셨습니다(막 3:20). 그래서 기도하실 수 없었습니다. 예수님도 인간의 몸이었기에 피곤하셨습니다(요 4:6). 그럼에도 불구하고 예수님께서는 더 많은 영혼들을 섬기기 위해 새벽 혹은 늦은 밤을 기도의 시간으로 헌신하셨습니다(눅 6:12).

우리가 새벽 시간에 기도하는 것을 절대화할 필요는 없습니다. 그러나 공교롭게도 역사상 뛰어난 영적인 인물들은 대부분 새벽의 사람들이었습니다. 물론 새벽에 잘 일어나지 못하는 사람들 가운데 영적인 인물이 없었던 것은 아닙니다. 그렇지만 교회의 역사를 놓아보면 대부분의 경건한 하나님의 사람들은 새벽 시간을 기도에 바쳤습니다.

마르틴 루터(Martin Luther)와 존 칼빈(John Calvin), 존 웨슬리(John Wesley)와 조셉 얼라인(Joseph Alleine) 같은 영적인 인물들도 새벽의 사람들이었습니다. 새벽 기도회라는 제도는 없었지만 그들은 새벽 시간을 하나님과 교제하는 데 바쳤습니다. 하나님의 은혜로 자신의 마음을 촉촉이 적시는 구별된 경건으로 하루를 시작하였습니다. 새벽 시간을 기도에 바침으로써 하루를 사는 동기를 정화하고 낮 동안에 있을지도 모르는 수많은 유혹과 도전에 대처할 수 있는 영적인 준비를 갖추었습니다. 그 힘으로 자신들이 맡은 일을 충성스럽게 감당할 수 있었습니다.

새벽 자체에 어떤 힘이 있는 것은 아니지만 하루의 첫 시간을 하나님과 교제함으로써 하루를 시작한다는 것은 아름다운 일입니다. 주님과의 교제가 아니면 일찍 일어날 필요가 없는 사람들이 기도하기 위하여 일찍 일어나는 실천 자체가 자신을 거룩하게 구별하는 것은 아닐까요?

오늘 아침 일어나자마자 무슨 생각을 했는지 떠올려 보십시오. 잠자리에서 눈을 뜨자마자 여러분의 머리를 지배한 생각은 무엇이었습니까? 오늘 처리해야 할 일들, 나를 괴롭히는 사람들, 혹은 근심과 걱정이 여러분의 머리를 가득 채우지 않았습니까? 하루를 시작하는 마음이 하루 전체를 지배한다고 해도 과언이 아닙니다. 그래서 어느 청교도는 이렇게 말했습니다. "나는 잠에서 깨자마자 기도합니다. 나의 마음이 하나님의 거룩한 은혜로 적셔지기 전까지는 침상을 떠나지 않습니다."

그렇습니다. 새벽은 우리의 마음을 준비하는 시간입니다. 하루를 시작하기 전 마음을 정결하게 하고 우리의 심령을 하나님의 거룩한 은혜로 충만하게 해야 합니다. 이렇게 우리를 준비하지 않으면 하루를 승리하며 살 수 없습니다.

근심과 걱정이 있거나 간밤에 힘든 꿈으로 마음이 눌릴 때에도 새벽에 간절히 기도하면 하나님께서 하늘의 은혜로 우리의 마음을 녹임으로써 승리하는 삶을 살아갈 수 있도록 하십니다. 주님과의 달콤한 교제는 우리로 하여금 영적인 사고 속에서 하루를 살게 해주고, 신령한 가치관으로 사물을 볼 수 있게 합니다. 하나님의 임재를 느끼는 거룩한 정서는 세상 유혹을 이기게 하고, 세상 자랑을 위하여 살지 않게 합니다. 하나님과의 교제를 통해서 하늘 자원을 공급받는 것이야말로 승리하는 신앙생활의 요체인 것입니다.

기도로 하루를 시작하는 오늘도 나를 싫어하고 대적하는 사람들을 만날 수 있습니다. 그러나 하나님께서 부어 주신 은혜의 정서가 나를 사로잡고 있다면 그들과 다투지 않고 지혜롭게 대처할 수 있습니다. 새벽을 기도로 채우는 사람들도 곤란하고 어려운 일을 만날 수 있습니다. 그러나 그들은 자신을 대적하는 환경을 통해서 일하시는 하나님을 봅니다. 착한 마음으로 사는 사람들에게도 눈물 흘리는 시련이 있습니다. 그러나 그들은 패배를 모르는 사람들이며 그리스도 안에서 강해지는 것이 무엇인지를 아는 사람들입니다. 그래서 그들은 이렇게 기도합니다. "하나님, 이 일을 통해서 무엇을 저에게 가르쳐 주려고 하십니까? 제 눈을 열어서 지혜롭게 하시옵소서. 이 일을 통해서 하나님께서 알리고자 하신 바를 깨닫게 하여 주옵소서."

하나님께서 당신의 자녀에게 줄 수 있는 가장 큰 축복은 기도 속에서 그들을 만나 주시는 것입니다. 하지만 이러한 기도의 은혜가 너무 귀하다고 사람들에게 알려 주어도 그들은 심각하게 생각하지 않습니다. 기도의 은혜를 잃어버리는 것을 가볍게 생각하기 때문에 지키기 위해 몸부림치기보다는 '에잇, 나도 모르겠다. 갈 때까지 가보자.' 라는 심성으로 버티기 일쑤입니다. 기도의 영이 완전히 고갈되어 버린 후 그 회복이 얼마나 어려운지를 경험하고 나서야 기도하지 않고 살아온 지난날을 후회합니다.

그때 기도생활의 중요성을 알게 됩니다. 주님과 나누었던 기도의 교제를 그리워하게 됩니다. 주님을 마주 대하기만 하면 쏟아지던 기도와 눈물, 응답의 환희를 기억하며 기도의 견고함을 잃어버렸던 지난날을 후회하게 됩니다. 그러므로 우리 안에 기도의 영이 활발하게 역사하고 있는지를 항상 점검해야 합니다. 만약 잘못해서 조금 잃어버렸다면 즉시 회개하고 돌아와야 합니다. 그러나 하루 가운데 구별된 기도의 시간이 없는 사람들은 이러한 반성을 하는 것조차 불가능합니다.

내 마음의 고독한 곳

둘째로, 기도의 장소입니다. 성경에는 예수님께서 기도하신 곳이 "한적한 곳"이라고 기록되어 있습니다. 헬라어 원문에는 '고독한 장소'로 나옵니다. 예수님께서 일어나 바로 그 자리에서 기도하지 않으시고 구별된 한 장소를 찾아가 기도하신 것은 장소 자체에 어떤 힘이 있기 때문은 아닙니다. 기도에 집중하기 위해서는 마음이 방해받지 않는 구별된 장소가 필요했기 때문입니다.

이것은 기도할 때에는 우리의 마음이 일상으로부터 한발 떨어져 나올 필요가 있다는 사실을 일깨워 줍니다. 우리에게는 세상이 나에게 영향을 끼칠 수 없는 장소, 세상에서 일어난 모든 일을 잠시 덮고 잠잠히 주님만을 바라볼 수 있는 기도의 골방이 필요합니다. 그러기에 예수님께서는 네 골방에 들어가 세상으로 향하는 문을 닫고 기도하라고 하셨던 것입니다(마 6:6).

기도함에 있어서 마음은 매우 중요합니다. 기도는 육신의 힘으로 하는 것이 아니라 마음으로 하는 것이기 때문입니다. 그렇기 때문에 마음을 잘 준비하지 않으면 기도의 향불은 곧 꺼지고 맙니다. 그래서 성도의 또 다른 이름은 '마음지킴이' 입니다(잠 4:23).

갈리고 나눠진 마음으로는 하나님을 만날 수 없습니다. 하나님께서는 영혼의 시선을 주님께로 고정하고 하나님을 홀로 대면할 수 있는 조용한 마음의 상태가 된 사람들을 찾아오십니다.

새벽마다 교회에 나오지만 거의 기도하지 못하는 사람들이 있습니다. 무엇 때문일까요? 그것은 몸은 교회에 나왔지만 온갖 세상 염려와 근심이 마음속에 가득하기 때문입니다. 시간은 구별되었지만 마음은 구별되지 않은 것입니다. 여러분이 아무리 시간을 정해 놓고 습관을 따라 기도한다 하더라도 마음속에 근심과 염려, 걱정이 파고들어 오면 사실상 그 시간과 장소를 지배하는 것은 하나님의 은혜가 아니라 세상의 염려와 근심인 것입니다.

기도하기가 너무 어렵습니까? 기도하려고 시간과 장소를 구별하고 애쓰는데도 열렬한 기도가 되지 않습니까? 노트북 컴퓨터나 핸드폰을 쓰다가 방전되면 충전을 해서 사용합니다. 그런데 밤새도록 충전을 했는데도 작동이 되지 않는다면 기계 자체에 뭔가 결함이 있는 것입니다.

그러므로 정해진 기도 시간이 있어서 늘 기도하는데도 기도생활에 진전이 없는 사람들은 자신의 삶과 마음을 총체적으로 돌아보아야 합니다. 늘 시간을 정해 놓고 기도하는데도 영혼의 갈증이 채워지지 않는다면, 기도하는 자신의 마음이 기도하기에 적합하게 되어 있는지를 돌아보아야 한다는 것입니다.

기도, 언어의 고백

셋째로, 기도 자체입니다. 예수님께서는 새벽 미명에 한적한 곳으로 갔을 뿐만 아니라 그 시간 그곳에서 실제로 기도하셨습니다. 기도할 시간을 정하고 마음을 준비하였다고 해도 실제로 기도에 자신을 바치지 않는 한 기도의 축복을 누릴 수 없습니다. 기도의 은혜는 기도할 마음을 가진 사람들의 것이 아니라 실제로 기도하는 사람들의 것이기 때문입니다.

마음속에 오가는 여러 가지 상념이 곧 기도는 아닙니다. 기도는 우리의 마음속의 생각을 하나님께 언어로 고백하는 것입니다. 우리는 무릎을 꿇고 마음을 바쳐 실제로 입을 열어서 기도하여야 합니다. 그럼으로써 머릿속에 있는 생각과 사상이 우리의 마음을 움직이게 됩니다.

많은 사람들이 어떻게 하면 깊은 기도의 세계 속으로 들어갈 수 있는지를 묻습니다. 그러면 저는 기도하기 전에 먼저 순결한 삶이 선행되어야 한다고 답해 줍니다. 순결한 삶은 집중된 기도를 위한 가장 중요한 조건이고, 세상에 대한 사랑 없음은 열렬한 기도의 가장 중요한 준비입니다. 그래서 한 사람이 기도할 때 그는 지금까지 자신이 살아온 인생을 짊어지고 주님 앞에 무릎을 꿇는 것입니다.

그렇다면 순결한 삶을 살지 못한 사람은 어떻게 해야 할까요? 그런 사람들은 간절히 기도할 수 없는 것일까요? 그러한 사람들은 마음 깊은 곳에서 기도의 언어를 길어 올려야 합니다. 마르지 않는 깊은 우물 안에는 언제나 맑은 물이 있습니다. 목마른 사람이 그 우물에 두레박을 던집니다. 그는 두레박이 우물 표면에 닿았다고 해서 곧바로 건져 올리지 않습니다. 두레박이 달린 줄을 이리저리 흔들면서 두레박 안에 물이 채워져 가라앉도록 합니다. 두레박에 물이 담겨 가라앉아 물속으로 깊이 들어가면 그때 줄을 당깁니다. 그러면 그는 더 시원하고 더 깨끗한 물을 마실 수 있습니다.

기도도 마찬가지입니다. 마음에 없는 일상적인 언어는 우리의 기도에 깊이를 더하지 못합니다. 한마디 말이라도 진심에서 우러나오는 기도를 드리기 위해서는 우물에 두레박을 던진 마음으로 마음 깊은 곳에서 언어를 길어 올려야 합니다. 뜻 없이 드리는 수만 마디의 청산유수 같은 기도보다는 진심을 담은 한마디가 하나님께 더 큰 감동을 드리는 법입니다. 그때 그는 깨달을 것입니다. 기도를 들으시는 하나님이 변하는 게 아니라 기도하는 자신의 마음이 변하고 있음을 말입니다.

마음 깊은 곳에서 진심을 담아 길어 올린 기도는 그의 마음과 정신을 출렁거리게 하여 기도하는 사람을 변하게 합니다. 그래서 어둡던 마음에 빛이, 냉랭하던 마음에 기도의 불꽃이 일게 합니다.

기도 속에서 살아야 한다

이 세상의 많은 문제들에 대해 적절한 답을 제시하고 해결의 길을 열어 주기 위해서는 때로는 지혜가 필요하고 때로는 능력이 필요합니다. 그러한 지혜와 능력이 예수님께는 있었습니다. 그래서 기도하러 가신 예수님을 찾아온 제자들은 다음과 같이 말합니다. "모든 사람이 주를 찾나이다" (막 1:37).

예수님께는 하나님의 거룩한 지혜와 능력으로 충만하게 채워지는 일들이 매일매일 있었습니다. 그래서 그분은 모든 사람들이 필요로 하는 사람이 되었고, 모든 문제를 해결할 수 있는 분이 되셨습니다. 우리도 하나님 앞에 그런 사람들이 되어야 하지 않겠습니까? 우리 주위에는 하나님 아니면 해결될 수 없는 문제를 안고 살아가는 사람들이 얼마나 많습니까? 그들의 문제는 우리가 아니면 해결될 수 없습니다. 왜냐하면 하나님께서는 당신을 믿는 우리를 통해서 일하시기 때문입니다.

우리는 하나님의 놀라운 능력과 일하심을 보여주기 위해서 기도 속에서 살아야 합니다. 그 기도 속에서 지혜와 능력을 얻어서 자신을 고치고, 더 나아가 이 세상을 고치는 도구가 되어야 합니다. 이 일을 위해서 하나님께서는 우리를 기도의 자리로 부르십니다.

1장
환경은 우리 편이 아니다 예수님에게서 배운다

환경이 우리의 기도를 도와주지 않습니다

우리는 처음부터 환경이 우리의 기도생활을 도와주리라고 생각하지 말아야 합니다. 거룩하고 견고한 기도생활을 이어 온 성도들은 오히려 환경과 싸워 이긴 사람들이었습니다. 예수님을 보십시오. 그분은 기도할 수 있는 환경이 되었기 때문에 한적한 곳으로 기도하러 가신 것이 아니었습니다. 환경을 이기며 기도하신 예수님의 모습은 우리의 처지가 어떠하든지, 기도하면 살고 안 하면 죽는다는 각오로 기도해야 함을 우리에게 가르쳐 주는 생생한 시청각 교재입니다.

예수님의 기도생활을 통해 배웁니다

첫째로, 우리는 기도 없이는 살 수 없다는 것을 배웁니다. 예수님께서 이 땅에서 기도하면서 사신 것은 인간이라면 그 누구도 기도 없이는 살 수 없음을 몸소 보여주기 위함입니다. 기도하면서 사는 것이 참 인간의 마땅한 삶이라는 것입니다. 능력이 한없는 주님, 순결함과 거룩함에서 결코 흠이 없는 주님께서 이처럼 기도로 사셨다면 죄가 많고 불완전한 우리는 얼마나 더 많이 하나님께 매달려 기도해야 하겠습니까?

둘째로, 우리는 하나님의 도우심으로 산다는 것을 배웁니다. 예수님의 간절한 기도생활은 하나님의 자녀답게 살게 하는 모든 힘의 근원이 오직 하나님께로부터 온다는 사실을 보여줍니다. 예수님께서는 기도생활을 통해서 우리에게 이렇게 말씀하시는 것 같습니다. "애들아, 내가 비록 성자 하나님이지만 이 세상에 살아 있는 동안에 이 능력은 내 안에서 나오는 것이 아니라 하늘 아버지께서 주시는 것이란다. 나는 오직 그분의 능력으로 이 땅에서 고난도 이기고, 너희도 섬기며, 십자가도 질 수 있게 된단다."

새벽은 우리의 마음을 준비하는 시간입니다

우리는 하루를 시작하기 전 우리의 마음을 정결케 하고 우리의 심령을 하나님의 거룩한 은혜로 충만하게 해야 합니다. 이렇게 우리를 준비하지 않으면 승리하는 하루를 살 수 없습니다.

마음이 방해받지 않는 구별된 장소가 필요합니다

예수님께서 구별된 장소에서 기도하신 것은 장소 자체에 어떤 힘이 있기 때문은 아닙니다. 기도에 집중하기 위해서는 마음이 방해받지 않는 구별된 장소가 필요했기 때문입니다. 이것은 기도할 때에는 우리의 마음이 일상으로부터 한발 떨어져 나올 필요가 있다는 사실을 일깨워 줍니다. 우리에게는 세상이 나에게 영향을 끼칠 수 없는 장소, 세상에서 일어난 모든 일을 잠시 덮고 잠잠히 주님만을 바라볼 수 있는 기도의 골방이 필요합니다.

기도는 언어의 고백입니다

기도할 시간을 정하고 마음을 다 갖추었다고 해도 실제로 기도에 자신을 바치지 않는 한 기도의 축복을 누릴 수 없습니다. 기도의 은혜는 기도할 마음을 가진 사람들의 것이 아니라 실제로 기도하는 사람들의 것이기 때문입니다.

손으로 고백하는 기도

1. 당신을 기도할 수 없게 만드는 환경은 무엇인가요? 그 환경을 적어 보세요. 그리고 그 환경을 극복할 수 있는 방법이 무엇일지 생각해 보세요. 만약 어떻게 하여도 그 환경을 극복할 수 없을 것 같다면, 당신이 원하는 바를 하나님께 고백해 보세요.

2. 우리의 마음은 환경의 지배를 많이 받습니다. 그래서 큰일이나 급한 일을 앞두었을 때는 기도하고자 하는 마음보다는 그 일을 처리하기 위해 이리저리 뛰어다녀야 할 것 같은 조급한 마음이 들기도 합니다. 이러한 때에 우리는 어떻게 나의 마음을 다스릴 수 있을까요? 지금 당신에게 큰일이나 급한 일이 있나요? 잠시 눈을 감고 당신의 마음을 하나님께 고백해 보세요.

2장

겸비함이 기도의 문을 연다

세리에게서 배운다

세리는 멀리 서서 감히 눈을 들어 하늘을 쳐다보지도 못하고
다만 가슴을 치며 이르되
하나님이여 불쌍히 여기소서 나는 죄인이로소이다 하였느니라……
이 사람이 의롭다 하심을 받고 그의 집으로 내려갔느니라
무릇 자기를 높이는 자는 낮아지고
자기를 낮추는 자는 높아지리라 하시니라

눅 18:9-14

기도에 관한 가르침

이 비유는 우리에게 널리 알려진 이야기입니다. 본문에 등장하는 바리새인은 율법을 철저히 지키던 사람이었습니다. 반면에 세리는 동족들에게서 세금을 거둬 로마에 바치던 사람이었는데, 정해진 금액보다 더 많이 거둬 자신의 부를 축적하였기 때문에 사람들에게 비난을 받던 사람이었습니다. 그 두 사람이 성전에 가서 기도하였다는 것이 본문의 주요 내용입니다.

예수님의 이 말씀을 읽노라면 '이 비유가 정말 기도에 관한 가르침을 주시려는 것인가?' 라는 의문이 생깁니다. 얼핏 보면 이 비유는 기도가 아니라 겸손한 생활에 대해 말씀하시는 것처럼 보이기 때문입니다. 이 비유를 시작할 때 주신 예수님의 말씀은 우리의 그러한 생각을 더욱 확고하게 만듭니다. "자기를 의롭다고 믿고 다른 사람을 멸시하는 자들에게 이 비유로 말씀하시되"(눅 18:9). 또한 이 비유의 결론을 살펴보아도 그렇습니다. "무릇 자기를 높이는 자는 낮아지고 자기를 낮추는 자는 높아지리라"(눅 18:14).

그러나 이 비유의 초점은 기도입니다. 이 비유를 성경은 이렇게 시작합니다. "또 자기를 의롭다고 믿고"(눅 18:9). 여기에서 '또' 라는 말은 이 비유가 바로 앞에 나오는 가르침과 연속선상에 있음을 보여줍니다. 예수님께서는 바리새인과 세리의 비유에 앞서 과부와 불의한 재판장의 비유를 우리에게 말씀하십니다(눅 18:1-8). 그리고 그 비유는 이렇게 시작합니다. "예수께서 그들에게 항상 기도하고 낙심하지 말아야 할 것을 비유로 말씀하여 이르시되"(눅 18:1-2). 예수님께서는 기도에 관한 가르침을 과부와 재판장의 비유에서 주셨고, 그 연장선상에서 바리새인과 세리의 비유를 우리에게 말씀하고 계십니다.

기도의 영광은 응답

기도의 영광은 응답입니다. 기도는 그 자체도 아름답지만 기도가 영광스럽게 되기 위해서는 응답되어야 합니다. 비유를 하면 이렇습니다. 꽃가게에 가면 군자란을 볼 수 있습니다. 이 난은 자라면서 줄기가 굵어져 멋스러움을 더하지만 그 아름다움의 절정은 꽃에 있습니다. 맨 위에 활짝 피는 주황색 꽃은 1년에 한 번 피는데, 씨앗을 심고 나면 4-5년은 지나야 꽃을 피울 수 있다고 합니다. 비록 오랜 기다림의 시간이 필요하지만 그 꽃이 워낙 청초하고 우아하기에 사람들은 기대하는 마음으로 군자란을 정성껏 키웁니다. 군자란의 아름다움이 활짝 핀 꽃에 있듯이, 기도의 영광은 분명한 응답에 있습니다.

기도를 배우는 사람들에게는 기도의 거장들이 지닌 기도의 태도나 과정 또는 기도 속에서 맛보는 신비한 체험 같은 것도 대단해 보이지만, 그 어떤 것도 기도의 응답보다 자랑스럽지 않습니다. 누군가 자신의 열심 있는 기도생활을 자랑하면서 "금식을 밥 먹듯이 하고, 철야기도를 잠자듯이 하였다."라고 하여도 하나님의 응답이 없으면 헛됩니다. 아무리 길이 남을 명문으로 기도하였다 할지라도 기도의 응답이 없다면 아무것도 아닙니다.

응답받는 기도는 기도에 헌신하며 자신을 쏟아붓는 사람들에게 가장 큰 영광입니다. 우리가 어떤 기도 제목으로 기도하든지 우리의 간절한 소망은 하나님께서 우리의 기도에 응답하시는 것입니다. 그러나 기도하지 않으면 하나님께서 좋은 것을 주셔도 그것이 하나님께로부터 온 응답이라는 사실을 알지 못합니다.

제가 예전에 미국에서 들은 이야기입니다. 한인교회에 다니는 어느 교포가 사업이 망하여 궁지에 몰리게 되었습니다. 며칠 밤낮을 근심과 고민으로 보내다가 그는 결국 자살하기로 마음을 먹었습니다. 그런데 '죽더라도 목사님에게 기도를 받고 싶다.'라는 생각이 들어서 밤에 목사님 댁을 방문하였습니다. 자신의 어려운 사정을 길게 이야기한 후에 목사님에게 기도를 부탁하였습니다. 그의 딱한 사정을 모두 듣고 난 목사님은 눈물로 하나님께 간절히 기도해 주었습니다.

이튿날이 되었습니다. 마침 그날은 그가 며칠 전에 무심코 사 두었던 복권의 추첨일이었습니다. 그런데 그 복권이 거액의 상금에 당첨되는 일이 일어났습니다. 그는 자신의 복권이 당첨되었다는 사실을 알게 되자마자 이 놀라운 일이 전날 밤에 목사님이 자기에게 손을 얹고 간절히 기도해 주었기 때문에 일어났음을 확신하였습니다. 만약 그가 전날 밤에 목사님과 함께 기도하지 않았다면 어떠했을까요? 복권에 당첨되었다고 해서 그것이 하나님의 역사라고 생각했을까요? 그는 단지 자신의 운이 기가 막히게 좋았다고 생각하지 않았을까요?

하나님 없이 살 수 없다

우리는 기도하여야 하며 또한 우리의 기도는 응답되어야 합니다. 그런데 예수님께서는 세리와 바리새인의 비유의 결론을 "무릇 자기를 높이는 자는 낮아지고 자기를 낮추는 자는 높아지리라"고 내리십니다. 이는 하나님께서는 자기를 낮추며 기도하는 자들의 기도에 응답하시기 때문입니다.

예수님께서는 기도에 있어서 겸비함을 언급하십니다. 이것은 기도의 문을 여는 열쇠가 겸비함이기 때문입니다. 겸비한 사람만이 진정으로 하나님 앞에 엎드릴 수 있고, 기도가 응답되었을 때 그 응답이 하나님의 은혜와 자비에서 온 것이라고 고백할 수 있습니다.

이 세상의 모든 동물은 자신을 보호할 수 있는 신체적인 조건을 갖추었습니다. 사자에게는 큰 앞발과 날카로운 이빨이 있습니다. 얼룩말은 그런 것은 없지만 빨리 도망갈 수 있는 강한 다리와 화가 나면 힘껏 걷어찰 수 있는 강력한 뒷발이 있습니다. 새는 날 수 있는 날개가 있고 카멜레온은

적으로부터 자신을 은폐하는 보호색을 만들 수 있습니다. 또 스컹크는 악취로 자신을 보호합니다.

그러나 양에게는 아무것도 없습니다. 뿔이 있긴 하지만 사슴이나 염소처럼 상대방을 받아 버릴 수 있는 것이 아닙니다. 다리는 짤막하고 살이 쪄서 빨리 도망가지도 못합니다. 이빨은 초식동물의 것이라 다른 동물을 위협할 수 없습니다. 또 눈은 매우 나빠서 길을 잃어버리기 쉽습니다. 이 모든 것을 통해서 우리가 알게 되는 것은 이것입니다. '양은 그들을 돌보는 사람 없이는 살 수 없는 존재이다!'

그래서 성경은 인간을 양에 비유합니다(렘 50:17). 이것은 우리가 하나님 없이는 살 수 없는 존재이기 때문입니다. 하나님의 돌봄이 없이는 살 수 없는 피조물임을 알라는 것입니다. 하나님의 품 안에서 그분과의 관계를 즐거워하며 그분께로부터 오는 도움을 힘입어 살아가야 하는 존재라는 것입니다. 이렇게 인간은 처음에 만들어질 때부터 하나님의 도움을 힘입어 살도록 창조되었습니다.

자기 혼자서도 잘 살 수 있다는 생각이 모든 교만의 출발점입니다. 자기의 힘으로도 잘 살 수 있다고 여기는 사람은 기도하지 않습니다. 더 정확히 말하면 그는 기도할 수 없습니다. '나는 내 힘으로도 충분히 잘 살 수 있어. 하나님의 도움은 바라지도 않아. 다만 하나님이 훼방이나 놓지 않았으면 좋겠어.' 라고 생각하는 사람이 왜 기도하겠습니까? 왜 처절한 몸부림으로 하나님께 매달리겠습니까? 왜 자신의 삶을 돌아보면서 하나님의 뜻을 헤아리기 위해 노심초사하겠습니까? 그들은 "머리를 처박고 궁상맞게 기도할 바에야 그 시간에 문제 해결을 위해 뛰어다녀라."고 조언할 것입니다.

겸비한 자에게 은혜를 주신다

저는 신학대학에서 구약성경의 원어인 히브리어를 가르친 적이 있습니다. 어느 외국어라도 그렇겠지만 특히 히브리어는 벼락치기를 한다고 해서 시험을 잘 볼 수 있는 과목이 아닙니다. 글자도 워낙 비슷비슷하고 내용도 어려워 당일치기로는 절대로 통하지 않는 과목입니다. 또 부정행위를 해도 금방 붙잡히는 것이 바로 이 과목입니다. 글자를 제대로 알지 못하면 커닝을 해도 똑바로 쓰지 못하기 때문에 채점을 할 때면 누가 누구의 것을 보고 베꼈는지 금방 알 수 있습니다.

제가 부정행위를 한 학생을 적발해서 "학생은 왜 다른 학생이 것을 보고 썼는가?"라고 힐책하면 대략 다음의 두 가지 반응 중 하나가 나옵니다. "교수님은 학교 다닐 때 커닝 안 했습니까?"라고 말하면서 무례하게 대드는 학생이 있는가 하면, 두서도 없이 주절주절 변명을 늘어놓으며 눈물로 하소연하는 학생이 있습니다.

"교수님은 의롭습니까? 학교 다닐 때 커닝한 적 없습니까?" 하며 대드는 학생에게 저는 이렇게 말합니다. "그래, 나는 의롭지 않네. 하지만 자네처럼 커닝하면서 신학교를 다니지는 않았다네!" 이런 학생에게는 동정심은커녕 '많이 혼나야 되겠군!' 하는 생각만 듭니다. 그러나 후자의 경우에 속하는 학생들에게는 어쩔 수 없이 마음이 누그러지기도 합니다.

한번은 부정행위를 하다가 적발된 한 학생이 제게 이렇게 말했습니다. "이처럼 못난 저를 공부시키기 위해서 매일 인쇄소에서 고생하는 아내가 있습니다. 커닝이 나쁘다는 걸 알면서도 낙제하면 아내의 고생이 더 길어질 것 같아 이런 짓을 저질렀습니다. 죄송합니다. 모든 것을 교수님의 처분에 맡기겠습니다." 가난한 살림살이 때문에 아내를 고달픈 직장으로 내

보내야 하는 자신의 처지를 눈물로 고하면서 용서를 비는 그 학생의 태도는 제 마음의 진노를 누그러뜨렸습니다.

기도에 응답하는 하나님의 마음은 우리를 불쌍히 여기시는 긍휼입니다. 그러나 의지할 것이 너무 많은 사람들은 하나님을 바라볼 리가 없고, 하나님만을 바라보며 의지하지 않는 사람들을 하나님께서 불쌍히 여기실 리가 없습니다. 다음과 같이 고백하는 사람들을 하나님께서 얼마나 기뻐하시겠습니까? "오, 하나님, 오늘도 저를 도와주십시오. 하나님의 도움 없이는 살 수 없습니다. 주님께서 도와주시지 않으면 저는 아무것도 할 수 없습니다."

참회하는 자를 의롭다 여기신다

예수님께서는 세리의 겸비한 태도에 대해서 칭찬하면서 이렇게 말씀하십니다. "이 사람이 의롭다 하심을 받고 그의 집으로 내려갔느니라"(눅 18:14). 세리는 겸비한 태도로 하나님께 기도하였을 뿐입니다. 그런데 의롭다 하심까지 받았습니다.

이 비유에 등장하는 인물은 두 사람입니다. 한 사람은 바리새인이고, 다른 사람은 세리입니다. 바리새인은 나무랄 데 없이 도덕적인 삶을 살아가고 있었습니다. 그의 기도를 들어보십시오.

> 하나님이여 나는 다른 사람들 곧 토색, 불의, 간음을 하는 자들과 같지 아니하고 이 세리와도 같지 아니함을 감사하나이다 나는 이레에 두 번씩 금식하고 또 소득의 십일조를 드리나이다(눅 18:11-12).

바리새인이 드리는 기도에서 어떤 문제점을 찾을 수 있습니까? 십일조 하게 해주셔서 감사하고 금식기도할 수 있게 해주셔서 감사하다는데 누가 돌을 던질 수 있겠습니까?

한편 세리의 기도를 들어보십시오. 그는 가슴을 치며 기도합니다. 하고픈 말은 많은데 표현할 길이 없어 답답할 때 우리는 가슴을 칩니다. "하나님이여 불쌍히 여기소서 나는 죄인이로소이다"(눅 18:13). 세리는 이 기도밖에 할 수 있는 게 없었습니다. 지은 죄가 너무 많아서 말하려 해도 일일이 고백할 수 없었습니다. "하나님, 제가 하나님을 위해서 이것도 하고 저것도 했습니다."라고 자랑할 것은 더더욱 없었습니다. 세리는 마음속으로 이렇게 말하고 있는 것입니다. '하나님, 드리고 싶은 기도는 너무나 많지만 무엇을 말해야 할지 모르겠습니다. 드릴 말씀이라고는 저를 불쌍히 여겨 달라는 것뿐입니다.'

실제로 세리는 바리새인보다 죄가 많은 사람이었고, 바리새인은 세리보다 의로운 사람이었습니다. 세리가 한 의로운 일이라고는 아무것도 없었습니다. 하지만 놀랍게도 바리새인이 아니라 세리가 의롭다 하심을 받고 성전을 내려갔다고 예수님께서는 말씀하십니다. 그렇다면 무엇이 그로 하여금 하나님의 의롭다 하심을 받게 하였을까요?

그것은 바로 그의 참회에 있습니다. 세리가 많은 죄를 지었지만 참회를 통해서 정결한 사람이 되었던 것입니다. 참회하는 기도는 우리를 정결하게 합니다. 우리 영혼에 묻은 더러운 죄를 보혈로 씻어 주신 예수 그리스도의 사랑을 기억하면서 참회할 때 성령께서는 은혜와 회개의 눈물로 우리를 정결하게 하십니다. 그때 우리는 비로소 의인이 됩니다. 우리가 이전에 어떤 삶을 살아왔든지 하나님께서는 참회하는 자들을 정결한 자로 여겨서 당신 자신을 보여주십니다. 당신을 보여주리만치 깨끗해진 사람들의 기도를 왜 들어주시지 않겠습니까?

금고를 열기 위해 필요한 것은 금이나 은 같은 보물로 만든 열쇠가 아닙니다. 비록 녹이 슬었다고 하더라도 그 금고에 맞는 열쇠이어야 합니다. 기도 응답이라는 금고를 여는 열쇠는 기도를 들으시는 하나님 앞에서 한없이 낮아진 마음, 그 마음으로 하는 진실한 참회입니다. 참회를 통해서 정결해지고 의로워지기 때문입니다.

그러므로 기도하고자 하는데도 깊이 있는 기도로 나아가지 못한다면 여러분의 마음속에 있는 불결과 죄악을 정결하게 씻어 내십시오. 하나님께서 우리를 정결하고 의로운 사람으로 인정해 주시기까지 그분의 은혜를 구하는 열심을 포기하지 마십시오. 비록 죄로 말미암아 불결해진 마음으로 하나님께 나아간다고 할지라도, 그분은 당신을 구하는 우리의 마음을 예수 그리스도의 보혈로 정결케 하실 것입니다. 하나님께서는 우리가 그렇게 기도함으로써 정결하게 되기를 간절히 바라고 계십니다.

응답함이 있는 의인의 기도

우리는 이 비유에서 하나님께서 의롭다고 인정해 주시는 것과 기도 응답 사이에 모종의 상관관계가 있음을 알 수 있습니다. 이에 대한 적절한 설명은 야고보서로 대신할 수 있을 것 같습니다. 야고보 선생은 기도에 대해 말하다가 갑자기 엘리야에 대해서 말합니다.

> 엘리야는 우리와 성정이 같은 사람이로되 그가 비가 오지 않기를 간절히 기도한즉 삼 년 육 개월 동안 땅에 비가 오지 아니하고 다시 기도하니 하늘이 비를 주고 땅이 열매를 맺었느니라(약 5:17-18).

선지자 엘리야가 비가 오지 않기를 기도하니 3년 6개월 동안 비가 오지 않고, 다시 기도하니 비가 내렸다는 말씀입니다. 도시 생활을 하는 사람들은 비가 오지 않는다는 것이 얼마나 심각한 일인지 실감하지 못합니다. 3년 6개월 동안 월급이 나오지 않았다고 생각해 보십시오. 그러면 이 일이 얼마나 심각한 것인지를 알 수 있을 것입니다. 그때 이스라엘 사람들이 기도하지 않았겠습니까? 3년 6개월 동안 초근목피로 연명하는 상황에서 어찌 건성으로 기도했겠습니까?

그러나 성경은 말합니다. 당시에 많은 사람들이 비 내려 주기를 기도했어도 하나님께서는 오직 엘리야 한 사람의 기도를 듣고 하늘 문을 닫았고, 엘리야 한 사람의 기도로 하늘 문을 열고 비를 내려 주셨다고 말입니다. 그래서 어떤 랍비는 엘리야가 하늘의 문을 닫은 열쇠를 3년 6개월 동안 자신의 주머니에 넣고 다니다 때가 되자 다시 그 열쇠를 꺼내 하늘 문을 연 사람이라고 하였습니다. 어떻게 이런 일이 가능했을까요? 왜 엘리야만 기도의 세계에서 그런 특별한 대우를 하나님께로부터 받았을까요? 성경은 그 이유에 대해서 다음과 같이 말합니다.

의인의 간구는 역사하는 힘이 큼이니라(약 5:16).

엘리야는 기도 이전에 의로운 삶을 산 사람이었습니다. 그렇기 때문에 그의 기도에 위대한 능력이 깃들었다는 것입니다. 하나님께서는 목소리 큰 사람의 기도에 주목하지 않습니다. 의롭고 거룩한 삶을 사는 사람의 기도에 귀를 기울이십니다.

물론 이 세상에 의인은 한 명도 없습니다. 야고보 선생이 말하는 의인 역시 하나님의 영광에 이를 만한 절대적인 의인은 아닙니다. 그러나 우리가운데는 하나님을 깊이 사랑하며 의롭게 살아가는 정결한 사람들이 있습니다. 하지만 그들도 나면서부터 거룩하고 의로운 삶을 살았던 것은 아닙니다. 참회의 기도를 통해서 지난날의 죄를 말갛게 씻고 거룩한 길로 들어선 사람들입니다. 그들은 상대적인 의미에서 그 시대의 사람들과는 구별된 의인입니다.

의인의 기도에는 힘이 있다

거룩하신 하나님과의 만남에 대한 갈망과 자신의 죄에 대해 절망하는 마음은 비례합니다. 세리가 지금 절망적인 마음으로 참회하고 있는 것은 단순히 그의 죄가 많았기 때문은 아닙니다. 하나님께 다가가고 싶으나 그러기에는 자신이 너무 불결하고 부정하다는 것을 깨달았기 때문입니다.

예수님께서 이 비유를 통해 우리에게 가르쳐 주고자 하신 것은 세리의 삶이 아닙니다. 그의 참회하는 태도와 죄인임에도 불구하고 가난한 마음으로 하나님을 찾는 신앙이 기도에 있어서 얼마나 중요한지를 알리시기 위함입니다. 하나님께서는 진실한 마음이 담겨 있지 않은 기도를 듣지 않으며 그분 자신을 구하지 않는 교만한 마음을 미워하십니다. 그러므로 우리에게는 거룩하신 하나님을 갈망하기에 자신의 죄를 참회하는 기도가 필요합니다. 왜냐하면 하나님께서는 그러한 기도자를 의롭다고 여기시고, 그들의 기도에 응답해 주시기 때문입니다.

기도의 응답 속에서 사는 사람들의 신앙생활에는 언제나 거룩한 간증이 넘쳐 납니다. 보통 사람들은 도저히 꿈꿀 수 없는 일들을 주님의 능력을 힘입어 이루면서 살아가는 것은 마치 장엄한 드라마의 주인공으로 사는 것만큼 감동적입니다. 그래서 시편에서 시인들은 기도할 때 이런 표현을 자주 썼습니다. "여호와는 살아 계시니"(시 18:46), "살아 계시는 하나님"(시 84:2). 이것은 단순히 노래 속에 등장하는 반복적인 후렴구가 아닙니다. 시인들은 자신의 기도를 듣고 응답하시는 거룩한 하나님을 묵상하면서 가슴이 벅차올랐던 것입니다. 하나님께서 살아 계신 분이라는 사실에 전율하였습니다. 이것은 곧 시인들이 풍부한 기도의 응답 속에서 산 사람들이었음을 드러내 줍니다.

기도의 응답 속에서 사는 그리스도인들은 자신들처럼 작은 그리스도인이 커다란 일은 이룰 수 없을 것이라고 생각하지 않습니다. 그들에게는 기도와 역사에 대한 주인공 의식이 있기 때문에 자신들이 기도하면 하나님께서 들으실 것이며, 하나님께서 역사하시면 위대한 일들을 이룰 것이라는 생각이 있습니다. 그리하여 그들은 황당하리만치 엄청난 사안을 놓고도 기도 응답의 도전장을 냅니다.

믿음으로 기도하는 사람들에게 기도하기에 너무 큰 기도 제목은 없습니다. 왜냐하면 그들이 기도 속에서 바라보는 하나님은 전능하신 분이기 때문입니다.

2장
겸비함이 기도의 문을 연다 세리에게서 배운다

기도의 영광은 응답입니다

    기도의 영광은 응답입니다. 기도는 그 자체도 아름답지만 기도가 영광스럽게 되기 위해서는 응답되어야 합니다. 기도를 배우는 사람들에게는 기도의 거장들이 지닌 기도의 태도나 과정 또는 기도 속에서 맛보는 신비한 체험 등도 대단해 보이지만, 그 어떤 것도 기도의 응답보다 자랑스럽지 않습니다. 우리가 어떤 기도 제목으로 기도하든지 우리의 간절한 소망은 하나님께서 우리의 기도에 응답하시는 것입니다.

겸비한 자만이 기도할 수 있습니다

    겸비함은 자신이 하나님 없이는 살 수 없는 존재임을 아는 데서 출발합니다. 겸비한 사람만이 진정으로 하나님 앞에 엎드릴 수 있고, 기도가 응답되었을 때 그 응답이 하나님의 은혜와 자비에서 온 것이라고 고백할 수 있습니다.
    자기 혼자서도 잘 살 수 있다는 생각이 모든 교만의 출발점입니다. 자기의 힘으로도 잘 살 수 있다고 여기는 사람은 기도하지 않습니다. 더 정확히 말하면 그는 기도할 수 없습니다. '나는 내 힘으로도 충분히 잘 살 수 있어. 하나님의 도움은 바라지도 않아. 다만 하나님이 훼방이나 놓지 않았으면 좋겠어.'라고 생각하는 사람이 왜 기도하겠습니까?

참회를 통해서 의롭다 여기심을 받습니다

세리가 많은 죄를 지었지만 참회를 통해서 정결한 사람이 되었습니다. 참회하는 기도는 우리를 정결하게 합니다. 우리 영혼에 묻은 더러운 죄를 보혈로 씻어 주신 예수 그리스도의 사랑을 기억하면서 참회할 때 성령께서는 은혜와 회개의 눈물로 우리를 정결하게 하십니다. 그때 우리는 비로소 의인이 됩니다. 우리가 이전에 어떤 삶을 살아왔든지 하나님께서는 참회하는 자들을 정결한 자로 여겨서 당신 자신을 보여주십니다. 당신을 보여주리만치 깨끗해진 사람들의 기도를 왜 들어주시지 않겠습니까?

의인의 기도에 응답함이 있습니다

하나님께서는 목소리 큰 사람의 기도에 주목하지 않습니다. 의롭고 거룩한 삶을 사는 사람의 기도에 귀를 기울이십니다. 물론 이 세상에 의인은 한 명도 없습니다. 그러나 우리 가운데는 하나님을 깊이 사랑하며 의롭게 살아가는 정결한 사람들이 있습니다. 하지만 그들도 나면서부터 거룩하고 의로운 삶을 살았던 것은 아닙니다. 참회의 기도를 통해서 지난날의 죄를 말갛게 씻고 거룩한 길로 들어선 사람들입니다. 그들은 상대적인 의미에서 그 시대의 사람들과는 구별된 의인입니다.

손으로 고백하는 기도

1. 하나님 앞에 낮아지고 낮아져서 하나님의 도움을 간절하게 구하는 마음이야말로 기도의 문을 여는 열쇠입니다. 그런데 우리의 마음은 높아질 때가 얼마나 많은지 모릅니다. 지금 당신의 마음은 높아져 있습니까, 아니면 낮아져 있습니까? 자신의 마음의 상태가 어떠한지를 자세히 살펴 보세요.

2. 하나님께서는 의인의 기도를 기뻐하십니다. 그러나 나의 힘으로는 의인이 될 수 없습니다. 오직 예수 그리스도의 보혈의 능력을 힘입어 의인이 될 뿐입니다. 이러한 사실이 주는 위로와 감사를 하나님께 고백해 보세요.

3장

기도로 사랑을 경험한다

시인에게서 배운다

여호와께서 내 음성과 내 간구를 들으시므로 내가 그를 사랑하는도다
그의 귀를 내게 기울이셨으므로 내가 평생에 기도하리로다
시 116:1-2

사랑에는 과정이 필요하다

한 선교지에서 만난 여선교사님의 이야기입니다. 그분은 중학교 1학년 때 만난 학교 선생님을 연모하여 따라다니다가 우여곡절 끝에 그 선생님과 결혼하는 데 성공하였다고 합니다. 14살이나 어린 여학생이 얼마나 선생님을 좋아했으면 그 긴 세월을 따라다니다가 결혼에 골인했겠습니까? 훗날 함께 선교사가 되었노라는 그분의 연애담을 들으니 사랑은 국경도, 나이도 초월한다는 오래된 말이 떠올랐습니다.

인생을 살다 보면 누구나 한 번쯤은 사랑으로 가슴앓이를 합니다. 우리는 어느 한순간 시선이 마주쳤을 뿐인데 그 시선 하나에 사랑에 빠져 홍역을 앓듯이 사랑을 하는 사람들을 가끔 만납니다. 우리가 경험하는 하나님과의 사랑도 그럴 수 있습니다. 얼마 전까지만 해도 하나님을 사랑하며 사는 인생은 안중에 없었습니다. 그런데 어느 한순간, 폭풍과 같은 급작스러운 어떤 사건이 일어나면서 하나님을 만나고 그 사랑에 사로잡히게 되는 경우가 있습니다. 그러나 그것은 예외적인 경우입니다.

보다 더 많은 경우는 평범한 사람들이 사랑을 하는 것처럼 그렇게 하나님을 사랑하게 됩니다. 평범한 사람들이 어떻게 사랑을 하는지 생각해 보십시오. 처음에는 '괜찮은데!', '저 사람은 아니야.' 하면서 몇 면을 재다가 만납니다. 그러다가 사건이 생기고 추억이 쌓이면서 자신도 모르는 사이에 사랑이 깊어집니다.

사랑만큼 인격적인 것은 없습니다. 사랑은 억지로 일으킬 수 있는 감정이 아닙니다. 커다란 망치로 집을 부수듯이 상대방의 마음속으로 쳐들어갈 수 없습니다. 수없이 밀려오는 바닷물에 모래성이 서서히 무너지는 것처럼 천천히 자신이 무너지면서 마음의 문을 여는 것이 사랑입니다. 하나님과의 관계도 그렇습니다. 서서히 사연이 쌓이면서 마음의 문이 열리고 하나님과의 사랑이 깊어지는 것입니다.

그러므로 "이 세상의 그 무엇보다 하나님을 사랑하기에 하나님 이외의 모든 것은 버릴 수 있다!"라는 경지에 이르지 않은 것은 사랑이 아니라고 판단해서는 안 됩니다. 크고 온전한 사랑도 항상 작은 사랑에서부터 출발하기 마련입니다. 작은 사랑들이 모여서 더 큰 사랑이 됩니다. 깊은 사랑에 이르려면 더 많은 관계에 대한 경험과 그것을 위한 시간이 필요한 법입니다.

사랑, 신앙생활의 기초

하나님의 사랑을 경험하기 전까지는 참된 신앙생활을 시작하였다고 말할 수 없습니다. 하나님 앞에 신앙생활하도록 하는 힘은 '오늘 교회 가지 않으면 하나님께서 혼내실 거야.' 라는 두려움이 아닙니다. 주님을 향한 사랑으로 인해서 기쁨으로 하나님을 위해 사는 것이 바로 신앙생활입니다. 그래서 건강한 신앙생활은 하나님께서 자신을 얼마나 많이 사랑하시는지에 대한 감격을 기초로 합니다.

진정으로 신앙생활은 억지로 되는 것이 아닙니다. 우리의 자녀가 하나님의 말씀대로 살지 않으려고 한다면, 교회도 가지 않으려고 한다면 우리는 자녀를 올바른 길로 인도하기 위해서 노력해야 합니다. 만약 여러 차례 타일러도 듣지 않는다면 매로 때려서라도 바르게 가르쳐야 합니다. 그러나 그것은 어디까지나 비상 개입에 그쳐야 합니다. 회초리가 무서워서 교회에 나가는 자녀가 부모에게서 무엇을 배우겠습니까? 교회에 출석하는 대가로 용돈을 주는 부모를 통해서 어떻게 하나님의 사랑을 발견할 수 있겠습니까?

신앙생활은 힘에 의한 강요나 물질에 대한 유혹으로 가능한 것이 아닙니다. 신앙생활은 하나님과의 사랑의 관계를 기초로 하기 때문입니다. 그래서 신앙이 성숙해졌다는 것은 교회 생활에 익숙해졌다는 말이 아닙니다. 교회에서 더 많은 일을 하게 되었다는 것도 아닙니다. 직분이 올라갔다는 것도 아닙니다. 그런 것도 포함될 수 있지만 핵심적인 것은 그것이 아닙니다. 진리를 통해서 믿음의 대상이신 주님을 더 많이 알고, 그 앎을 바탕으로 그분을 더 깊이 사랑하게 되었다는 것이야말로 곧 신앙이 성숙해졌다는 의미입니다.

응답하시는 주님을 사랑하며

사랑은 고정된 것이 아닙니다. 생각해 보십시오. 남편이나 아내, 부모나 자녀에 대한 사랑도 늘 같은 정도가 아닙니다. 어떤 문제로 기분이 상하면 사랑이 줄어듭니다. 때로는 그 사랑이 변하여 미움이 되기도 합니다. 그러나 그를 통하여 어떤 감동적인 경험을 하게 되면 마음속에 사랑이 가득 차오르는 것을 느낄 수 있습니다.

하나님을 향한 사랑도 이와 같습니다. 그렇다면 하나님을 향한 사랑은 무엇으로 촉진될까요? 그것은 우리의 기도생활과 깊은 관련이 있습니다. 그래서 시인은 말합니다. "여호와께서 내 음성과 내 간구를 들으시므로 내가 그를 사랑하는도다"(시 116:1).

시인은 이 구절에서 기도에 관한 두 가지 경험을 우리에게 들려줍니다. 하나는 자신이 하나님께 간구한 경험입니다. 그리고 다른 하나는 자신의 간구를 하나님께서 들어주셨기 때문에 하나님을 향한 사랑이 깊어졌다는 것입니다.

오늘날 신앙생활의 첫걸음을 내딛는 그리스도인 중에는 하나님의 말씀으로 다져진 기초를 지니고 있는 사람들을 만나기 쉽지 않습니다. 거기에는 두 가지 원인이 있습니다. 하나는 신앙을 처음 시작하는 그리스도인들 자신이 말씀의 토대 위에서 신앙생활하는 것을 하찮게 여기기 때문입니다. 또 다른 하나는 교회가 그들을 말씀의 토대 위에서 잘 양육해야겠다는 결심이 없거나 약하기 때문입니다.

그러기에 많은 그리스도인들은 성경을 읽거나 성경공부 한 코스를 끝내고 나서 '아, 하나님은 정말 살아 계시고, 나를 사랑하는구나!'를 깨닫는 것이 아닙니다. 오히려 기도하면서 하나님의 살아 계심을 깨닫습니다.

믿음으로 기도하면 하나님께서 들어주신다는 말씀을 믿고 기도하였더니 자신의 기도가 진짜로 응답되었습니다. 가끔은 '들어주실까, 안 들어주실까?' 반쯤 의심하면서 기도하였습니다. 그러나 기도가 응답되었습니다. 힘든 일이 있어서 잠시 중얼거리듯 기도하였습니다. 그런데 그 작은 소리도 하나님께서 듣고 그가 원하는 바를 이루어 주셨습니다. 그때 사람들은 '아, 하나님이 정말 살아 계시는구나!', '하나님이 나한테 관심을 갖고 계시는구나!'를 깨닫습니다. 비록 말씀에 대한 지식은 부족할지라도 이런 기도의 응답들을 통해서 하나님을 향한 사랑은 촉진되고, 그 사랑은 하나님에 대해 더 많이 알고 싶은 마음을 불러일으켜 그의 신앙을 자라게 합니다.

이처럼 하나님께서 자신을 사랑하신다는 확신은 산이 옮겨지는 기적이나 죽은 사람이 다시 살아나는 놀라운 이적을 통해서만 생기는 것이 아닙니다. 시시때때로 만나는 어려움 앞에서 하나님께 기도하고 그 기도가 응답되는 과정을 통해서 하나님의 사랑을 경험하게 됩니다.

제가 알고 있는 한 형제는 변비 때문에 무척 고생하였습니다. 아침마다 냉수를 한 잔씩 마시면서 대변을 잘 보게 해 달라고 매일 하나님께 기도한다고 하였습니다. 다른 사람들에게는 우습게 들릴지 모르지만 그 형제에게는 심각한 기도 제목이었습니다. 이틀만 변을 보지 못하면 온몸에 이상한 열꽃이 피기 시작하는데 병원에도 다녀 보고 좋다는 약도 먹어 보았지만 소용이 없었습니다. 매일 정상적으로 변을 잘 보는 것보다 더 중요한 처방은 없었습니다. 그래서 변을 잘 보게 해 달라고 매일 간절히 기도하였습니다. 그 형제는 그 기도가 응답되는 것을 통해 하나님께서 자신을 도와주시는 분이심을 경험한다고 하였습니다.

매일 필요한 양식을 구하며 살아가는 사람들을 향해서 그 사람의 기도의 수준이 낮다거나 하나님을 향한 사랑이 적다고 말하지 마십시오. 우리가 가장 시급하게 기도하여야 할 것은 현실적으로 부딪치는 문제, 하나님의 도움이 아니면 해결될 수 없는 문제입니다. 그 기도 제목을 가지고 하나님 앞에 나아가야 합니다. 그러면 그 기도의 제목은 하나님의 사랑을 경험하는 기회가 될 것이고, 하나님의 사랑이 깊어짐에 따라 그의 신앙도 더 자라가게 될 것입니다.

사랑이 깊으면 신뢰도 깊다

지하실에서 교회를 개척하고 예배드릴 때의 일입니다. 좁은 공간에 많은 사람들이 모여서 예배를 드렸습니다. 점점 늘어나는 성도들로 인하여 예배당에 의자를 계속 들여놓다 보니 설교하는 강단은 점점 더 줄어들었습니다. 급기야 저는 점점 더 앞으로 다가와 앉는 성도들로 인하여 벽에 바짝 붙어 서서 설교하여야 했습니다. 그리고 그러한 환경은 제게 설교하다가 뒷벽에 기대는 습관을 갖게 하였습니다. 그러던 어느 날, 제가 다른 교회에서 설교하게 되었습니다. 그때 저는 저의 그 습관대로 뒷벽에 기대었다가 넘어질 뻔하였습니다. 그 교회는 설교 강단 뒤에 벽이 있었던 게 아니라 휘장으로 가려 놓은 빈 공간이 있었기 때문입니다.

기댈 만하지 않는 것에 기대면 반드시 낭패를 보게 됩니다. 그래서 우리는 누가 나에게 도움을 줄 수 있는지, 없는지를 재고 또 잽니다. 그리고 완전히 그 사람을 믿을 수 있기 전까지는 자신의 문제를 그에게 의탁하지 않습니다.

여러분이 길을 걸어가는데 한 사람이 다가와 이렇게 말했다고 생각해 보십시오. "선생님, 이렇게 만나게 되어서 참 반갑습니다. 선생님은 절 잘 모르겠지만 하여튼 제게 10만 원만 빌려 주십시오. 내일 꼭 갚겠습니다." 이런 사람에게 돈을 빌려 줄 사람은 아마 아무도 없을 것입니다. 하나님과의 관계에서도 마찬가지입니다. 하나님이 자신과 어떤 관계에 있는지를 알지 못하면 그분께 자신의 인생을 맡길 수 없습니다.

우리가 하나님을 온전히 의지하며 살지 못하는 이유는 주님의 사랑을 의심하기 때문이고, 분명하게 나타난 하나님의 사랑을 의심하는 것은 관계에 대한 경험이 결핍되었기 때문입니다. 그래서 신앙이 어렸을 때는 자신의 인생을 송두리째 하나님께 의탁하기에 충분하지 않습니다. 하나님과의 인격적인 관계가 없는 것은 아니지만, 하나님의 사랑에 대한 확신이 부족하기에 그분께 자신의 인생을 맡길 수 없습니다.

기도의 응답을 받고 우리 안에 응답받은 경험들이 쌓여 갈 때 우리는 주님의 사랑을 확신하게 됩니다. 그리고 하나님의 사랑에 대한 절대적인 확신은 주님을 온전히 의뢰하게 합니다. 사랑이 곧 그분을 의지하게 하는 힘이기 때문입니다. 그러므로 신앙의 문제는 결국 사랑의 문제로 귀결된다는 것을 알 수 있습니다. 오늘날 많은 사람들이 하나님을 믿는다고 하면서도 실제로는 하나님을 의지하지 않고 살아가는 가장 중요한 요인이 바로 하나님의 사랑에 대한 확신이 부족하기 때문입니다.

다른 모든 사람들이 주님께로부터 버림받았다라고 말할 때 혹은 하나님이 과연 어디에 계시는가라고 소리칠 때 '하나님이 나를 지켜 주실 것이다.', '하나님이 지금 내 곁에 계신다.' 라는 확신은 어디에서 생기는 것일까요? 신실하신 하나님의 성품을 신뢰하는 마음은 어디로부터 나오는 것일까요? 매일매일 하나님의 살아 계심과 사랑을 확인하는 것에서 나오지 않겠습니까? 오늘 기도하면 응답해 주셔서 당신의 살아 계심을 보여주시지 않는다면, 나의 말에 귀를 기울이며 내 인생에 관심을 갖고 계시다는 표를 매일매일 보여주시지 않는다면 하나님의 사랑을 확신할 수 없기에 자신의 인생을 하나님께 맡길 수 없습니다.

사랑하는 만큼 순종한다

하나님을 향한 사랑이 깊지 않으면 자신의 인생을 향한 하나님의 섭리를 용납하기 힘든 때가 많습니다. 그러기에 요동하는 것이 어린 신앙의 특징입니다. 그러나 사랑이 깊어질수록 그분에 대한 지식도 깊어집니다. 어떤 대상을 사랑한다는 것은 그 대상에 대한 앎을 전제로 하기 때문입니다. 그리고 좋으신 주님을 알고 나면 그분에 대한 신뢰가 더 깊어지기 마련입니다.

하나님을 향한 신뢰가 깊어지면 이제는 자신의 인생을 향한 하나님의 뜻을 좇아서 살고 싶은 마음이 생깁니다. 하나님을 향한 사랑이 깊어지면 하나님을 의지하며 살 신앙이 든든히 뿌리를 내리게 되고, 그분의 말씀을 따라 살게 되는 것입니다. 이것은 자신의 인생을 향해 품고 계신 하나님의 뜻이 선하다는 것을 더 많이 이해하게 되었기 때문에 일어난 일입니다. 그래서 고통 가운데서도 하나님의 선하심을 찬양할 수 있는 힘이 생겨납니다. 어려움 속에서도 하나님을 찬송하는 법을 배우게 됩니다. 시인의 경험도 그것이었습니다.

> 그의 귀를 내게 기울이셨으므로 내가 평생에 기도하리로다(시 116:2).

시인이 평생을 기도하며 살겠다고 결심한 이유는 아주 단순한 것이었습니다. "내가 하나님께 간구하였더니 주님께서 나 같은 사람의 소원에도 귀를 기울여 주셨습니다. 하나님의 기도 응답을 받고 나니 하나님을 더 많이 사랑하게 되었습니다. 그래서 이제 나는, 내 기도에 귀를 기울이시는 하나님께 나의 모든 인생을 의탁하면서 평생 동안 기도하며 살 것입니다."

하나님께서 우리의 기도에 응답하시는 경험들을 통해서 우리는 하나님의 사랑을 경험합니다. 그래서 각자의 수준에 따라 하나님께 순종하며 살아갑니다. 하나님께서는 그러한 우리의 삶을 기뻐하시기 때문에 우리의 기도 응답의 경험은 더욱 풍성해집니다. 이러한 기도 응답에 대한 풍성한 경험은 우리로 하여금 더 많이 기도하게 합니다.

이처럼 하나님을 향한 사랑과 신뢰, 순종은 매우 밀접한 관련이 있습니다. 응답해 주시는 하나님과의 교제의 경험을 통해서 하나님께서 나를 사랑하신다는 사실을 깨닫게 된 사람들은 주님의 사랑에 감격만 하지 않습니다. 그들은 하나님의 말씀에 순종하며 바르게 살아야겠다는 결심을 합니다. 그렇기 때문에 사랑은 순종에 의해서 입증되고 순종은 사랑에 의해서 촉진되는 것입니다(요 14:24). 그리고 그 사랑은 기도하는 관계 속에서 촉진됩니다.

주님과 함께 걷는 길

놀이동산에는 사람들이 많아서 아이를 잃어버리기 쉽습니다. 날씨 좋은 봄철에 어린아이가 한 손에는 풍선을, 한 손에는 아이스크림을 들고 이곳저곳을 구경합니다. 그러다가 엄마 아빠에게서 멀어져 주위를 둘러보아도 엄마 아빠를 찾을 수 없을 때, 하얗게 질린 얼굴로 풍선과 아이스크림을 놓아 버리고 웁니다. 그때 멀리서 엄마가 아이의 이름을 크게 부르면서 달려와 아이를 꼭 안아 줍니다. 그러면 아이는 엄마를 붙잡은 그

손을 놓지 않습니다. 엄마를 찾았으니 이제 다시 풍선과 아이스크림을 달라고 하지 않습니다. 엄마에게서 절대 떨어지지 않을 것처럼 엄마를 꽉 붙듭니다.

우리는 하나님과의 교제 없이는 이 세상을 살아갈 수 없습니다. 길을 잃었던 아이가 어렵게 찾은 엄마의 손을 놓지 않고 꼭 붙드는 것처럼 그렇게 하나님을 붙들고 살아가야 합니다. 그러면 우리가 하나님과 이 인생길을 함께한다는 것을 무엇으로 증명할 수 있겠습니까? 하나님께 기도하면서 사는 삶이 없다면 어떻게 우리가 하나님을 붙들고 산다고 말할 수 있겠습니까?

우리에게 기도의 세계가 살아 있으면 고난과 어려움을 통해서 하나님의 사랑을 배울 수 있습니다. 무엇보다 나를 가장 사랑하시는 하나님과 함께할 수 있습니다. 그러나 기도의 세계를 잃어버린다면 하나님의 축복으로 형통할 때는 교만해지고, 하나님께서 무엇인가를 가르치고자 낮아지게 하시면 쉽게 낙담할 것입니다. 고난 가운데서 우리의 마음은 점점 더 강퍅해져서 하나님으로부터 멀어질 것입니다. 그래서 기도생활을 잃어버리는 것은 곧 하나님을 잃어버리는 것과 같습니다.

그러므로 만약 마음이 차갑게 식어 기도할 힘을 잃어버렸다면 지금 곧 기도하기로 결심하여야 합니다. 다시금 주님을 향한 사랑으로 마음이 따뜻해질 수 있도록 기도의 불을 붙여야 합니다. 그리하여 하나님과 사랑을 나누며 이 험악한 인생길을 살아가야 합니다. 이 인생길은 우리 혼자 걸을 수 있는 길이 아니기 때문입니다.

3장
기도로 사랑을 경험한다 시인에게서 배운다

신앙생활의 기초는 하나님을 향한 사랑입니다

하나님의 사랑을 경험하기 전까지는 참된 신앙생활을 시작하였다고 말할 수 없습니다. 하나님 앞에 신앙생활하도록 하는 힘은 '오늘 교회 가지 않으면 하나님께서 혼내실 거야.' 라는 두려움이 아닙니다. 주님을 향한 사랑으로 인해서 기쁨으로 하나님을 위해 사는 것이 바로 신앙생활입니다. 그래서 건강한 신앙생활은 하나님께서 자신을 얼마나 많이 사랑하시는지에 대한 감격을 기초로 합니다.

기도 응답의 경험을 통해서 사랑이 깊어집니다

하나님께서 자신을 사랑하신다는 확신은 산이 옮겨지는 기적이나 죽은 사람이 다시 살아나는 놀라운 이적을 통해서만 생기는 것은 아닙니다. 시시때때로 만나는 어려움 앞에서 하나님께 기도하였더니 그 기도가 응답되는 과정을 통해서 하나님의 사랑을 경험하는 것입니다. 비록 말씀의 기초는 부족할지라도 기도의 응답들을 통해서 하나님을 향한 사랑은 촉진되고, 그 사랑은 하나님에 대해 더 많이 알고 싶은 마음을 불러일으켜 그의 신앙을 자라게 합니다.

사랑이 깊으면 신뢰도 깊습니다

우리가 하나님을 온전히 의지하며 살지 못하는 이유는 주님의 사랑을 의심하기 때문이고, 분명하게 나타난 하나님의 사랑을 의심하는 것은 관계에 대한 경험이 결핍되었기 때문입니다. 그래서 신앙이 어렸을 때는 자신의 인생을 송두리째 하나님께 의탁하기에 충분하지 않습니다. 하나님과의 인격적인 관계가 없는 것은 아니지만, 하나님의 사랑에 대한 확신이 부족하기에 그분께 자신의 인생을 맡길 수 없습니다. 기도의 응답을 받고 우리 안에 응답받은 경험들이 쌓여 갈 때 우리는 주님의 사랑을 확신하게 됩니다. 그리고 하나님의 사랑에 대한 절대적인 확신은 주님을 온전히 의뢰하게 합니다. 사랑이 곧 그분을 의지하게 하는 힘이기 때문입니다. 그러므로 신앙의 문제는 결국 사랑의 문제로 귀결된다는 것을 알 수 있습니다. 오늘날 많은 사람들이 하나님을 믿는다고 하면서도 실제로는 하나님을 의지하지 않고 살아가는 가장 중요한 요인이 바로 하나님의 사랑에 대한 확신이 부족하기 때문입니다.

사랑하는 만큼 순종합니다

하나님을 향한 신뢰가 깊어지면 이제는 자신의 인생을 향한 하나님의 뜻을 좇아서 살고 싶은 마음이 생깁니다. 하나님을 향한 사랑이 깊어지면 하나님을 의지하며 살 신앙이 든든히 뿌리를 내리게 되고, 그분의 말씀을 따라 살게 되는 것입니다. 이것은 자신의 인생을 향해 품고 계신 하나님의 뜻이 선하다는 것을 더 많이 이해하게 되었기 때문에 일어난 일입니다. 그래서 고통 가운데서도 하나님의 선하심을 찬양할 수 있는 힘이 생겨납니다. 어려움 속에서도 하나님을 찬송하는 법을 배우게 됩니다. 이것은 바로 신자에게 하나님의 사랑이 깊어졌기 때문에 가능한 일입니다.

손으로 고백하는 기도

1. 기도를 통해 하나님의 응답하심을 경험한 사람들은 하나님의 살아 계심을 확신하게 됩니다. 그리고 자신의 기도에 응답해 준 하나님을 사랑하게 됩니다. 당신의 인생에서 기도 응답을 통해서 하나님의 살아 계심을 확신하게 된 때가 언제였는지 생각해 보세요. 그때 하나님께 어떠한 기도를 드렸었고, 하나님의 응답하심이 어떠한 기쁨을 당신에게 주었는지를 적어 보세요.

2. 우리는 한국교회의 부흥이나 세계 선교를 놓고도 기도해야 하지만 마음에 다가오지 않는 기도 제목보다는 나의 마음을 간절하게 실을 수 있는 기도 제목으로 기도하는 편이 더 낫습니다. 지금 당신에게 가장 간절한 기도 제목은 무엇인가요? 그 기도 제목을 적은 후, 눈을 감고 마음을 모아 간절히 하나님께 기도해 보세요.

4장

결단 없이 기도할 수 없다

다니엘에게서 배운다

다니엘은 뜻을 정하여 왕의 음식과 그가 마시는 포도주로
자기를 더럽히지 아니하리라 하고
자기를 더럽히지 아니하도록 환관장에게 구하니
하나님이 다니엘로 하여금 환관장에게 은혜와 긍휼을 얻게 하신지라

단 1:8-9

뜻을 정한 소년들

예루살렘 성이 함락되고 남왕국 유다가 완전히 망해 버린 것은 다니엘서 1장의 사건이 있고 나서 약 20년 후의 일입니다. 그렇지만 다니엘이 바벨론에 포로로 끌려갈 당시, 유다는 이미 국권을 잃은 상태로 사실상 바벨론의 속국이었습니다. 유다의 왕은 바벨론의 꼭두각시에 불과하였고, 나라의 인재들이 바벨론으로 끌려감으로써 왕권은 더욱 약화되었습니다.

바벨론이 유다의 인재들을 자기네 나라로 끌고 간 것은 이스라엘과 유다에 대해서 잘 아는 사람들을 바벨론의 방식대로 교육하여 식민지를 효과적으로 관리할 일꾼으로 삼기 위해서였습니다. 다니엘도 그렇게 끌려간 사람들 중 한 사람이었습니다.

느부갓네살 왕은 유다에서 끌고 온 인재들을 잘 대우해 주도록 명령하였습니다. 그 구체적인 내용은 왕의 상에서 나오는 산해진미로 그들을 먹이고 길러 바벨론을 위해 기여하는 인재로 삼는 것이었습니다(단 1:5). 당시 못 먹고 못 입던 유다 백성의 비참한 상황을 생각할 때 이것은 엄청난 행운이었습니다. 그러나 왕실의 이러한 배려가 하나님을 진실되게 믿고자 하는 다니엘과 친구들에게는 고통이 되었습니다. 그들이 왕의 음식과 포도주를 먹는 것을 자신을 더럽히는 일이라 여겼기 때문입니다. 그래서 다니엘과 친구들은 이렇게 결심합니다. "왕의 음식과 그가 마시는 포도주로 자기를 더럽히지 아니하리라"(단 1:8).

그들이 왕의 음식과 포도주를 먹는 일이 자신을 더럽히는 일이라 생각했던 이유에 대해서는 크게 다음의 두 가지 해석이 있습니다.

첫째로, 왕의 상에서 나온 음식들은 이방신에게 제사를 드린 후의 것이라는 해석입니다. 바벨론은 정치와 종교가 밀접하게 관련되어 있었습니다. 그래서 왕은 먼저 신에게 제사를 드린 음식을 섭취했을 가능성이 있습니다. 그랬다면 다니엘과 친구들이 먹어야 했던 음식은 우상에게 바쳐졌던 음식이기에 하나님을 믿는 그들을 불결하게 하는 것이었습니다.

둘째로, 유다와 문화가 달랐을 바벨론의 음식은 구약의 율법에서 가증하게 여기는 짐승으로 요리한 것이라는 해석입니다. 그렇다면 다니엘과 친구들은 율법이 금한 음식을 먹는 죄를 범하게 됩니다. 이런 점에서 이 음식은 그들을 불결하게 하는 것이었습니다.

우리가 주목하고자 하는 것은 이 어려움에 봉착했을 때 다니엘과 친구들이 취한 행동입니다. 그들은 환관장에게 이런 음식을 먹지 않게 해 달라고 요구하기 전에 먼저 뜻을 정했습니다(단 1:8). 여기서 '뜻을 정했다.'라는 것은 신앙적으로 양보할 수 없는 어떤 선을 정했다는 것입니다. 그들이 정한 뜻은 이것입니다. "죄 때문에 나라가 망했으니 더 이상 죄를 짓지 말자!" 그들에게 이것은 어떤 일이 있어도 하나님 앞에 범죄하지 않겠다는 결심이었습니다. 범죄를 피할 수 있는 길이 있다면 여러 가지 방법을 모색해 보겠지만 만약 방법이 없다면 자신의 생명을 포기해서라도 신앙의 정절을 지키겠다는 굳은 결의였습니다.

기도의 사람, 다니엘

다니엘은 유다에서 끌려온 포로에 불과하였으나 바벨론의 최고의 관직까지 올랐습니다. 또한 그는 동료 방백들에게는 질시의 대상이 될 만큼 뛰어난 행정가이며 관료였습니다. 하지만 성경은 그를 바벨론 땅에서 온갖 부와 명예를 누린 성공한 포로라고 기록하지 않습니다. 그는 총리나 행정가가 아니라 하나님의 사람으로 기록되어 있습니다.

다니엘은 분주한 업무 속에서도 요동함 없는 견고한 신앙을 유지하였습니다. 젊었을 때만 그렇게 산 것이 아니라 늙어서까지 그런 삶을 계속하였습니다. 오히려 나이를 먹으면 먹을수록 그의 영성은 더욱 깊어졌습니다. 이것은 그가 깊은 기도의 세계 속에서 살았기 때문에 가능한 일이었습니다. 이런 사실을 입증하는 증거는 다니엘서 여러 곳에 등장합니다.

어느 날 느부갓네살 왕이 꿈을 꾼 후 그로 인하여 크게 번민하였습니다(단 2:1). 왕은 박수와 술객과 점쟁이와 술사들을 불러서 자신이 꾼 꿈이 무엇인지 고하고 해석하라 하였습니다. 역사직으로 꿈의 내용을 알려 주면서 그 꿈을 풀어 달라는 왕은 있었어도 자기가 무슨 꿈을 꾸었는지를 맞추고 그 꿈에 대해 해석까지 하라는 왕은 없었습니다. 그럼에도 불구하고 느부갓네살 왕은 자신의 꿈을 알아맞히지 못하는 그들을 죽이려고 하였습니다(단 2:2-9). 그런데 오직 다니엘만이 이상을 보고 그 꿈이 무엇인지, 어떤 의미인지를 알 수 있었습니다(단 2:29-45). 하나님께서 그것을 알 수 있는 능력을 다니엘에게 주셨기 때문입니다.

다니엘서 6장을 보십시오. 누구든지 왕 이외의 다른 신에게나 사람에게 무엇을 구하면 사자 굴에 던져 넣겠다는 금지령이 내려졌습니다(단 6:7). 그 명령이 내려진 후 다니엘의 행동에 대해 성경은 이렇게 말합니다. "다니엘이 이 조서에 왕의 도장이 찍힌 것을 알고도 자기 집에 돌아가서는 윗방에 올라가 예루살렘으로 향한 창문을 열고 전에 하던 대로 하루 세 번씩 무릎을 꿇고 기도하며 그의 하나님께 감사하였더라"(단 6:10). 다니엘은 생명을 부지하는 것도 그의 기도생활보다 더 중요하게 생각하지 않았습니다.

다니엘은 시간이 흐를수록 깊이를 더하는 영적 세계를 지녔기에 어두운 역사 속에서도 하나님의 위로를 발견할 수 있었습니다. 그는 예레미야의 서책을 보면서 이스라엘의 포로 기한이 70년이라는 사실을 깨닫게 되었습니다(단 9:2).

그때는 바벨론에 끌려온 지 이미 오랜 시간이 지난 후였습니다. 조국에 대한 기억도, 어렸을 때 성전에서 절기를 지키던 기억도, 가족과 친지들에 대한 기억도 이제 희미해질 법한 시간이 되었습니다. 다시 고국으로 돌아갈 수 있을 것이라는 희망은 남아 있지 않았을 것입니다.

그때 하나님께서는 포로 시대가 곧 끝날 것과 이스라엘을 사용하여 이루실 놀라운 일들을 보여주셨습니다. 뿐만 아니라 역사의 마지막 날에 이루어질 일까지도 알게 하셨습니다. 육신의 노쇠함이 그의 신령한 신앙의 세계를 전혀 어둡게 하지 않았습니다.

그렇다면 왜 다니엘이었을까요? 하나님께서는 왜 유독 다니엘을 택하여 깊은 기도의 세계에서 당신을 만나게 하고, 인류 역사의 마지막에 될 일까지도 알게 하셨을까요? 우리는 그 이유를 본문에서 찾아볼 수 있습니다.

다니엘은 뜻을 정하여(단 1:8).

그는 일평생 그 뜻을 유지하며 살았습니다. 하나님께서 그 뜻을 기뻐하신다는 확신이 있었기에 한 나라의 높은 관리로 살았지만 신앙의 문제와 관직이 충돌할 때는 언제든지 관직을 버릴 준비가 되어 있었습니다. 그에게는 목숨도 자신이 정한 그 뜻보다 중요하지 않았습니다. 그래서 그는 요동하지 않는 삶을 살 수 있었습니다.

하나님의 계획은 하나님께서 기뻐하시는 마음을 가진 사람들에게 알려지는 법입니다. 이 땅에서 하나님의 이름이 어떻게 여김을 받으시든지 상관없이 자신의 육신의 안일과 영달을 위해서 살아가는 사람들에게 하나님께서 역사의 비밀을 알려 주실 리가 없습니다. 하나님께서는 당신을 사랑하는 사람들에게 당신을 보여주고, 그의 나라에 대한 소망으로 목이 멘 사람들에게 역사를 향한 당신의 계획을 보여주십니다.

먼저 뜻을 세우라

우리가 섬기는 교회 봉사는 숙련될 수 있습니다. 처음에 어려웠던 일들도 시간이 지나면 쉬운 일이 될 수 있습니다. 그러나 기도에는 숙련이 없습니다. 기도는 다른 섬김과 달리 경험을 통해서 익숙해지지 않습니다. 기도하는 습관에는 익숙해질 수 있지만 기도 자체에는 익숙해질 수 없습니다.

어제까지만 해도 청산유수와 같은 말로 기도하였고 폭포수와 같은 은혜를 맛보았다고 하더라도 오늘은 벽 앞에 선 것만 같은 느낌을 받을 수 있습니다. 과거에 대단한 기도의 세계를 지녔었다고 하더라도 오늘 자신의 영혼을 잘못 관리하면 거의 기도하지 못할 수 있습니다.

기도의 능력은 개인의 저력에서 나오는 것이 아니라 하나님에게서 나오기 때문입니다. 하나님께서 그 사람을 붙잡고 계시는 동안에만 그는 기도의 사람일 수 있습니다. 그래서 오랫동안 탁월한 기도의 세계 속에서 살았다고 하더라도 단 한순간에 기도할 수 없는 사람이 되기도 합니다.

이러한 사실은 우리가 매 순간 자신의 영혼을 관리하며 하나님과의 교제를 이어 가야 함을 알려 줍니다. 매일 부단히 자기와 싸워 이겨야 함을 말합니다. 그리고 이 일을 위한 첫걸음이 바로 기도하기로 뜻을 세우는 것입니다. 우리는 먼저 뜻을 세워야 합니다. 하나님께서 기뻐하시는 삶이 무엇인지를 확신했다면 그러한 삶을 살고자 뜻을 세워야 합니다. 그러나 그것만으로는 부족합니다.

거룩한 강인함이 필요하다

교인들이 기도하지 않는 것이 너무 안타까워 가끔 새벽기도회에 나오도록 초청합니다. "이제 다시 새벽기도를 시작할 분은 손을 들어 주십시오." 그러면 여러 사람이 손을 듭니다. 하지만 그 수가 제 기대에 미치지 못할 때가 많습니다. 하나님의 말씀을 깨닫지 못하는 것도 아니고 마음이 하나님을 떠난 것도 아닙니다. 그런데 결단하는 삶이 부족합니다. 마치 선한 뜻을 세운 순간부터 금방 무너질 것을 확신하는 사람들처럼, 어차피 무너질 뜻이라 생각하고 결단조차 하지 않는 것입니다.

신앙의 세계에서는 진실하다는 것만으로는 충분하지 않습니다. 진실해지는 것도 좋지만 그 위에 힘이 있어야 합니다. 그 힘은 뜻을 세우고 그것을 무너뜨리지 않고 살기를 결심하는 것이며, 자기가 세운 선한 뜻을 무너뜨리려는 세력보다 훨씬 강한 집념이어야 합니다. 왜냐하면 이 시대로 하여금 하나님으로부터 등을 돌리게 만드는 사탄은 힘 있는 세력이기 때문입니다.

기도의 사람들에게는 거룩한 고집과 삶에 대한 단호함이 있습니다. 그들에게는 '거룩한 강인함'이 있습니다. 이것이 지속적인 기도생활을 가능하게 하는 중요한 요소입니다. 그리고 이 힘은 자신이 결단한 것에 대한 거룩한 집착에서 비롯됩니다.

그러나 우리의 결단은 너무 약합니다. 새벽기도를 작정했으면 적어도 1년은 나와야 되지 않습니까? 토요일 저녁에 주일 강단을 위해 기도해야겠다고 결심했으면 몇 해 동안은 하여야 하지 않습니까?

조국교회를 위해서 기도하다가 죽는 한 알의 밀알이 되고 싶다는 사람은 여럿 만났습니다. 그런데 그러한 마음의 결심을 오랜 세월 기도로 유지하며 사는 사람들은 흔치 않습니다. 청산유수와 같은 말을 하는 데에는 비용이 들지 않지만 그것을 행동으로 옮기는 데에는 막대한 비용이 들기 때문입니다.

신앙적으로 뜻을 세우고 사는 것은 고달픕니다. 그들에게는 이 세상과 야합하며 사는 사람들에게는 없는 고통과 불편함, 힘듦이 있습니다. 신앙의 절개가 없는 사람들은 세상과 싸울 일도 없고 자신을 거슬러야 할 이유도 없습니다. 그러나 신앙의 절개를 지키려면 세상과 싸워야 하고 자신과 싸워야 합니다. 때로는 자신이 좋아하는 것들을 멀리하여야 할 때도 있습니다.

우리가 보다 깊은 기도의 세계로 들어가지 못하는 이유 중 하나는 결심에 따르는 희생을 감수하려 하지 않기 때문입니다. 그러나 그가 선한 뜻을 위해 희생하려는 마음이 없다면 그는 성령 안에서 기도하는 것이 무엇인지를 경험하지 못할 것입니다. 그 대신 가벼운 기도가 그리스도인의 장엄한 소명을 이루기에는 충분하지 않다는 사실을 알게 될 뿐입니다.

전쟁에 임하는 전사의 정신 없이는 올바른 신앙생활이 가능하지 않습니다. 오늘날 조국교회가 이처럼 방종한 세상을 향하여 무기력힌 것도 기도로 싸우기를 포기한 교인들이 교회에 가득 찼기 때문입니다. 하나님을 거역하는 세상과 일전을 겨루도록 세상에 보낸 그리스도인들이 잠옷 바람으로 돌아다니는 것 같은 삶을 살기 때문입니다.

견고한 삶의 기초, 거기 있는 것

다니엘은 이방의 땅에서 신세만 한탄하며 살지 않았습니다. 어리석은 사고에 사로잡혀 충동적인 삶을 살지도 않았습니다. "하나님의 거룩한 백성인 내가 할례받지 않은 이방인들에게 잡혀 수모를 당하느니 차라리 여기서 죽겠다." 하며 삶을 포기하지도 않았습니다. 그는 이전의 영광을 잃어버리고 폐허가 된 예루살렘을 바라보면서, 자신을 살려 두신 하나님의 뜻을 이방의 땅에서 발견하고자 몸부림쳤습니다.

자신에게 가슴 아픈 한을 남긴 적국에서, 그것도 포로로 끌려온 비참한 신세로 어떻게 해야 하나님께서 자신의 삶을 통해 영광을 받으실지 그 역시 잘 몰랐습니다. 그러나 다음과 같이 결심하였습니다. "나는 주님의 것이기에 주님을 위해서 살아야 합니다. 주님을 기쁘시게 하는 것이 아니면 어떠한 성공도 제게 의미가 없습니다. 죄 때문에 나라가 망했으니 더 이상 죄를 지을 수 없습니다. 몸은 이방 땅에 있지만 제가 섬기는 분은 오직 하나님뿐입니다." 하나님 앞에 정결하게 살고 이방의 땅에서 주님만을 높이겠다는 것이 그가 정한 뜻이었습니다. "제게는 저를 통해서 주님을 기쁘시게 하는 것이 최상의 가치입니다. 이 뜻만 이룰 수 있다면 나머지는 아무래도 상관없습니다."

그래서 그는 순간의 죽음을 택하는 대신 살아서 이스라엘의 영광스러운 회복을 갈망하였습니다. 굽이치는 역사의 물줄기 속에서 하나님의 섭리의 손길을 보고자 하였습니다. 재상이든 노예든 바벨론에서 주어지는 신분 따위는 그에게 중요한 것이 아니었습니다. 그는 하나님을 향해 뜻을 정했고, 하나님을 섬기는 일생을 살고자 결심하였을 뿐입니다. 그러자 하나님께서는 다니엘을 만나 주셨습니다. 그리하여 그는 칠흑 같은 역사 속에서도 하나님의 놀라운 위로를 발견하였고, 이스라엘의 회복의 역사를 읽을 수 있었습니다.

우리 주위에는 냄비처럼 급히 끓었다가 빨리 식는 사람들이 많습니다. 주님께서 나를 여기에 세워 주셨다는 생각으로 뜻을 세우고 견고하게 사는 사람들은 드뭅니다. 선한 뜻을 이루기 위한 길에 비바람이 부는 것을 이상하게 생각하지 않고 그것과 정면으로 싸우는 사람들은 찾기가 어렵습니다.

그러나 우리는 주님께서 세워 주신 자리에서, 주님을 섬기며 살 때 당하는 고난을 당연하게 생각해야 합니다. 하나님을 섬기며 사는 삶이 날마다 즐겁기만 했다면 신앙의 선배들이 그 길을 십자가 짐 같은 고생이라고 말하지 않았을 것입니다.

　주님을 섬기며 사는 일이 기쁘고 보람되기는 하지만 때로는 그 길을 가기 위해서는 사랑하는 사람과 결별하여야 하는 아픔도 있고, 악랄하게 덤벼드는 악한 세력들과 싸우느라 만신창이가 될 때도 있습니다. 그럼에도 불구하고 우리는 주님이 거기에 있으라고 하셨기에 그곳에 있습니다. 그 자리를 떠나 세상 안락을 누리기보다는 주님이 명하신 자리에서 고난받기를 원합니다. 그것이 견고한 삶의 기초이며, 하나님께 영광 돌리는 삶을 사는 비결입니다. 이와 같이 사는 사람들이 깊은 기도의 세계를 쟁취하는 것입니다.

거룩한 목표가 있습니까?

　우리는 시간을 내어서 깊이 기도하기에는 너무나 바쁜 삶을 살고 있습니다. 또한 마음의 여러 가지 시험이나 환경의 어려움들이 기도를 방해합니다. 현실적으로 부닥친 상황들이 기도를 통해서 해결하기에는 너무도 다급합니다. 하지만 잊지 마십시오. 세상은 언제나 그렇습니다. 우리로 하여금 기도하도록 도와주지 않습니다.

　환경은 우리를 돕지 않습니다. 환경이 어려울 때는 어려워서, 상황이 편안할 때는 안락하기 때문에 기도하지 않습니다. 어떤 사람들은 고난의 때만 지나가면 열심히 기도하리라 결심하지만 인생의 고통이 지나가고 따뜻한 봄날이 찾아오면 그 평안함 때문에 간절히 기도할 마음이 생기지 않습니다.

　다니엘을 보십시오. 그는 평안할 때 기도하였습니다. 이방의 나라에서 부귀와 권세를 누렸지만 그의 마음은 평안한 자신의 삶이 아니라 무너진 이스라엘의 회복을 기다리며 거룩한 슬픔으로 가득 찼습니다. 그러한 슬픔은 그로 하여금 더욱 쓰라린 마음으로 하나님만 바라보게 하였습니다. 또한 그는 견디기 어려운 위기에 직면할 때도 기도했습니다. 자기를 죽이려는 정적들의 칼날도, 그 엄한 바벨론의 법령도 그의 기도의 창을 닫을 수 없었습니다. 환경이 그를 기도하도록 만든 것이 아니라 하나님을 위하여 세운 뜻이 그렇게 살도록 하였습니다.

그런데 우리는 왜 뜻을 세우지 않는 것일까요? 주님께서 우리를 부르신 목적이 분명한데도 왜 우리는 살았다 하는 이름은 있으나 실상은 죽은 자와 같은 삶을 사는 것일까요? 물결에 떠밀리는 거품과 같은 삶을 살면서 하나님을 위하여 뜻을 정하기로 결심하지 않는 것은 고난받는 거룩한 삶보다 죄의 낙을 누리기를 더 좋아하기 때문은 아닐까요?

마음에 정한 뜻이 없으니까 마음이 환경에 의해서 요동하는 것입니다. 요동하는 삶을 사니까 기도의 진전도 없고 기도하는 것 자체가 싫은 것입니다. 도대체 얼마나 더 많이 기도해야 하나 하는 생각만 듭니다. 그러나 실상 그 사람은 아무것도 한 것이 없습니다. 그가 맞이하는 모든 상황은 기도하지 못하도록 하는 좋은 핑계거리가 될 뿐입니다. 어려울 때는 어려워서, 고난이 오면 고난이 와서, 유혹이 오면 그것이 너무 달콤해서, 평안하면 평안하기에 하나님께 매달릴 시간이 없습니다.

이처럼 바람이 불면 바람이 부는 대로, 물결에 밀리면 물결이 미는 대로 살아가는 것은 우리에게 삶을 건 거룩한 목표가 없기 때문입니다. 그러나 우리는 이렇게 살아서는 안 되는 사람들입니다. 우리는 이 땅에 사는 동안 기도를 통하여 자신과 교회와 세상을 변화시키며 살도록 부름받은 사람들입니다.

그 뜻을 지키기 위해 기도하라

우리는 가끔 신뢰할 수 없는 사람을 만납니다. 그런 사람이 뜻을 세웠다고 하면 아무리 폼을 잡고 말해도 믿지 않습니다. 그러나 하나님께서는 우리가 아무리 많이 실패했어도 우리의 선한 결심을 냉소하지 않으십니다. 세 번, 네 번 같은 결심을 하여도 하나님께서는 그것을 기뻐하십니다. 그리고 도와주고자 하십니다.

하나님께서 기뻐하시는 선한 뜻을 따라 살려고 할 때 우리는 그 뜻을 이룸에 있어서 우리의 힘만으로는 불가능하다는 것을 깨닫습니다. 그래서 하나님의 도움을 절박하게 구합니다. 우리를 부르신 하나님의 뜻은 너무나 명백하지만 그렇게 살 힘이 없기에 우리는 하나님만을 의지하고 그분께 도움을 구합니다. 하나님께서는 이렇게 당신의 도움을 구하는 자들 가까이 계십니다.

이런 사람들에게는 담대함이 있습니다. "여호와는 나의 빛이요 나의 구원이시니 내가 누구를 두려워하리요 여호와는 내 생명의 능력이시니 내가 누구를 무서워하리요"(시 27:1). 이러한 담대함에서 그리스도인의 삶을 이루는 괴력이 나오는 것입니다.

우리의 생명은 이슬과 같이 덧없지만 하나님을 위한 우리의 꿈은 그렇지 않습니다. 우리는 잠시 지나는 이 인생길에서 거룩한 일을 위하여 뜻을 세우고, 그 일을 이루기 위해 하나님께 간절히 기도하면서 지냅니다. 그래서 우리는 영원을 잇대어 사는 사람들입니다. 이렇게 사는 사람들은 잠시 후면 죽어도 그들의 기도는 이 땅에 남아서 다음 시대를 움직일 것입니다. 우리가 이와 같이 선한 뜻을 위해 기도하며 살다가 죽을 수 있다면 얼마나 좋을까요?

4장
결단 없이 기도할 수 없다 다니엘에게서 배운다

다니엘은 뜻을 세웠습니다

다니엘은 환관장에게 이런 음식을 먹지 않게 해 달라고 요구하기 전에 먼저 뜻을 정했습니다. 여기서 '뜻을 정했다.'라는 것은 신앙적으로 양보할 수 없는 어떤 선을 정했다는 것입니다. "죄 때문에 나라가 망했으니 더 이상 죄를 짓지 말자!" 범죄를 피할 수 있는 길이 있다면 여러 가지 방법을 모색해 보겠지만 만약 방법이 없다면 자신의 생명을 포기해서라도 신앙의 정절을 지키겠다는 굳은 결의였습니다.

다니엘은 일평생 그 뜻을 유지하며 살았습니다. 하나님께서 그 뜻을 기뻐하신다는 확신이 있었기에 한 나라의 높은 관리로 살았지만 신앙의 문제와 관직이 충돌할 때는 언제든지 관직을 버릴 준비가 되어 있었습니다. 그에게는 목숨도 자신이 정한 그 뜻보다 중요하지 않았습니다. 그래서 그는 요동하지 않는 삶을 살 수 있었습니다.

하나님의 계획은 하나님께서 기뻐하시는 마음을 가진 사람들에게 알려지는 법입니다. 이 땅에서 하나님의 이름이 어떻게 여김을 받으시든지 상관없이 자신의 육신의 안일과 영달을 위해서 살아가는 사람들에게 하나님께서 역사의 비밀을 알려 주실 리가 없습니다. 하나님께서는 당신을 사랑하는 사람들에게 당신을 보여주고, 그의 나라에 대한 소망으로 목이 멘 사람들에게 역사를 향한 당신의 계획을 보여주십니다.

뜻을 세우십시오

우리가 섬기는 교회 봉사는 숙련될 수 있습니다. 그러나 기도에는 숙련이 없습니다. 기도는 다른 섬김과는 달리 경험을 통해서 익숙해지지 않습니다. 기도의 능력은 개인의 저력에서 나오는 것이 아니라 하나님에게서 나오기 때문입니다. 하나님께서 그 사람을 붙잡고 계시는 동안에만 그는 기도의 사람일 수 있습니다. 이러한 사실은 우리가 매 순간 자신의 영혼을 관리하며 하나님과의 교제를 이어 가야 함을 알려 줍니다. 이 일을 위한 첫걸음이 바로 기도하기로 뜻을 세우는 것입니다

거룩한 강인함이 필요합니다

신앙의 세계에는 진실하다는 것만으로는 충분하지 않습니다. 진실해지는 것도 좋지만 그 위에 힘이 있어야 합니다. 그 힘은 뜻을 세우고 그것을 무너뜨리지 않고 살기를 결심하는 것이며, 자기가 세운 선한 뜻을 무너뜨리려는 세력보다 훨씬 강한 집념이어야 합니다. 왜냐하면 이 시대로 하여금 하나님으로부터 등을 돌리게 만드는 사탄은 힘 있는 세력이기 때문입니다.

그 뜻을 지키기 위해 기도하십시오

하나님께서 기뻐하시는 선한 뜻을 따라 살려고 할 때 우리는 그 뜻을 이룸에 있어서 우리의 힘만으로는 불가능하다는 것을 깨닫습니다. 그래서 하나님의 도움을 절박하게 구합니다. 우리를 부르신 하나님의 뜻은 너무나 명백하지만 그렇게 살 힘이 없기에 우리는 하나님만을 의지하고 그분께 도움을 구합니다. 하나님께서는 이렇게 당신의 도움을 구하는 자들 가까이 계십니다.

손으로 고백하는 기도

1. 당신에게는 주님께서 바라시는 자리가 있습니다. 그것은 눈에 보이는 직분일 수도 있고 섬김의 자리일 수도 있습니다. 또한 가정에서 바라시는 어떤 모습일 수도, 어떤 누군가를 향한 선한 모습일 수도 있습니다. 그러한 자리를 지키기가 너무나 힘들다고 느껴졌던 때는 없습니까? 혹시 지금이 그러한 때는 아닌지요? 당신에게 이러한 어려움이 있다면 자신의 마음이 어떠함을 하나님께 고백해 보세요.

2. 우리는 선한 뜻을 세워야 합니다. 그것은 기도하는 것일 수도, 말씀을 정기적으로 읽는 것일 수도 있습니다. 혹은 자신 안에 있는 나쁜 습관이나 악한 마음의 경향을 바꾸는 것일 수도 있습니다. 근래에 당신이 세운 선한 뜻이 있다면 적어 보세요. 혹시 하나님께서 당신에게 바라시는 선한 뜻을 알면서도 세우지 못했다면, 그것은 무엇인가요? 하나님께서 바라시는 당신의 모습과 현실 사이에서 하나님께 하고픈 말이 있다면 적어 보세요.

5장

낙심이 기도를 망친다
과부에게서 배운다

하물며 하나님께서 그 밤낮 부르짖는
택하신 자들의 원한을 풀어 주지 아니하시겠느냐
그들에게 오래 참으시겠느냐

눅 18:7

낙심이라는 대적

본문은 한 재판관과 억울한 일을 당한 과부의 이야기를 다루고 있습니다. 이 비유는 이렇게 시작합니다. "예수께서 그들에게 항상 기도하고 낙심하지 말아야 할 것을 비유로 말씀하여 이르시되"(눅 18:1-2).

예수님께서 이 비유에서 강조하고 싶으셨던 사실은 재판장이 불의하였다거나 과부가 억울한 일을 당했다는 것이 아닙니다. 예수님께서 이 비유를 통해 우리에게 알려 주고자 하신 것은 두 가지입니다. 항상 기도해야 한다는 것과 기도할 때 낙심하지 말아야 한다는 것입니다. 즉, 끈기 있고 간절하면서도 꺾일 줄 모르는 기도의 열심이 필요하다는 것입니다.

우리가 기도할 때 만나는 가장 큰 대적은 낙심입니다. 여기서 말하는 낙심은 믿음이 없어서 끝까지 하나님의 약속을 붙들지 못하는 데서 비롯되는 절망하는 마음입니다. 기도하다가 우리가 낙심하는 것은 실제로 그에게 희망이 사라졌기 때문이 아닙니다. 하나님만을 바라보지 못하게 하는 불신앙이 그의 마음에 들어온 것입니다. '아무리 기도해도 하나님이 도와주지 않으실 거야!', '하나님도 이런 상황은 어쩔 수 없을 거야.', '하나님은 나한테 관심이 없나 봐.' 이런 생각이 그의 마음속을 파고든 것입니다.

사탄이 성도들의 기도의 불을 끄는 시급길은 기도하는 이들을 낙심하게 만드는 것입니다. 그 낙심이 지나치면 하나님의 자녀임에도 불구하고 그분께 대한 섭섭한 마음과 배신감, 더 나아가서 반감을 갖게 됩니다. 하나님을 신뢰하여야 기도가 깊고 열렬하게 될 텐데 사탄은 하나님과 우리의 관계에 대해 더 많은 의심을 갖게 하고 하나님의 성품을 의심하게 합니다. 그런 마음으로 신자는 기도할 수 없습니다.

두 가지 종류의 눈

우리는 두 가지 종류의 눈을 갖고 있습니다. 하나는 육체의 눈이고, 다른 하나는 영혼의 눈 곧 믿음의 눈입니다. 사물을 보고 환경을 판단할 때 우리는 육체의 눈과 영혼의 눈을 모두 사용합니다. 그래서 육체의 눈과 영혼의 눈 중 어느 하나라도 온전한 상태에 있지 못하면 그 판단은 정확할 수 없습니다.

두려움에 휩싸일 수밖에 없는 상황이 눈앞에 펼쳐졌다고 생각해 보십시오. 우리 인생을 통째로 망가뜨릴 듯한 거대한 환난의 파도가 다가옵니다. 그때 우리는 먼저 육체의 눈으로 그러한 환경을 바라보면서 자기 나름대로 판단을 합니다. 살아온 경험을 따라서, 자신의 능력을 따라서 말입니다. '저 정도의 파도라면 한번 맞서 볼 만하다.', '저 정도 풍랑이라면 난 이제 끝장이다.'

이때 육체의 눈과 함께 움직이는 것이 있습니다. 바로 믿음의 눈입니다. 사람들은 믿음의 눈으로 상황을 바라보면서 하나님의 뜻을 읽습니다. 그래서 육체의 눈으로 봤을 때는 절망할 수밖에 없는 상황에서도 희망을 갖습니다.

그런데 영혼의 눈이 감겨 있으면 우리는 육체의 눈에 따라, 육체의 눈이 보는 대로 판단하고 행동할 수밖에 없습니다. 조금 희망적인 일이 생기면 마음이 하늘을 나는 듯합니다. 조금만 어려워지면 '이제 난 죽었구나!' 생각하고 낙심해 버립니다. 그렇게 환경에 따라서 일희일비하게 됩니다. 이런 마음으로는 기도를 한다고 해도 그것은 진정한 의미에서 기도가 아닙니다. 비록 자세는 기도하고 있지만 눈에 보이는 것으로 상황을 판단하고 이 판단에 근거해서 좌절하거나 슬퍼하고 또 기뻐하고 있기 때문입니다. 이 모든 것은 영혼의 눈이 육체의 눈에 보이는 상황들을 새롭게 해석해서 마음에 전달해 주는 기능을 상실했기 때문입니다. 이 상실을 틈타 불신앙이 우리 안에 들어오는 것입니다.

우리가 영혼의 눈을 뜨고 민감하게 살아갈 때에는 육체의 눈에 보이는 대로 일희일비하지 않습니다. 즐거울 때 좋아하고 고통스러울 때 아파하는 것은 짐승도 할 수 있는 일입니다. 인간이 짐승과 다른 것은 고통당할 때 그 의미를 생각할 줄 안다는 것입니다. 그 의미를 파악하고 그것을 자신의 인생에 적용하며 살 수 있다는 것입니다. 이 일을 위해서 우리는 영혼의 눈을 올바르게 뜨고 있어야 합니다. 우리가 항상 기도하면서 낙심하지 말아야 할 것을 배워야 하는 이유가 여기에 있습니다.

기도는 자판기가 아니다

예수님께서 우리에게 들려주신 이 비유의 결론은 다음과 같습니다. "하물며 하나님께서 그 밤낮 부르짖는 택하신 자들의 원한을 풀어 주지 아니하시겠느냐 그들에게 오래 참으시겠느냐"(눅 18:7). 우리는 이 말씀을 통해서 세 가지를 알 수 있습니다.

첫째로, 기도 응답의 열쇠를 쥐고 있는 분은 하나님이시라는 사실입니다. 기도하는 것은 우리의 일이고, 그 기도를 들어주시는 것은 하나님께 속한 일입니다. 하나님께는 우리의 기도를 들어줄 수 있는 힘과 능력이 있지만 응답하시는 것은 오로지 그분의 자유로운 주권이라는 것입니다.

열심 있는 기도의 사람들 중에도 기도의 열심과 응답 사이에 어떤 비인격적인 공식이 존재하는 것처럼 생각하는 사람들이 있습니다. 열심 있는 기도로 하나님의 팔을 꺾어서 내가 원하는 것을 얻어 내고야 말 것이라는 생각은 잘못된 것입니다. 물론 간절한 기도 제목이 있을 때는 기간을 정해서 기도하거나 기도하는 시간을 정해 놓고 집중적으로 특별한 기도를 드릴 수 있습니다. 그러나 그것도 하나님께서 우리에게 응답해 주시도록 압력을 넣는 수단이라고는 생각하지 말아야 합니다.

어린아이들은 가끔 부모에게 무엇을 해 달라고, 무엇을 사 달라고 떼를 씁니다. 그때 30번 떼를 쓰면 사 주겠노라는 규칙을 정해 놓은 부모는 없습니다.

기도도 마찬가지입니다. 기도는 동전을 넣고 여러 번 잡아당기다가 운이 좋으면 동전이 우르르 쏟아지는 슬롯머신이 아닙니다. '철야기도 30개'를 누르면 특별한 응답이 저절로 쏟아지는 것도 아닙니다.

만약 하나님께서 기도에 그런 공식을 만들어 놓으셨다면 기독교의 기도의 영성은 불교의 염불과 다를 바가 없을 것입니다. 매일 기도하기를 30일 동안 하여 한 가지 기도가 자동으로 응답된다면 치성을 드리는 마음으로 기도의 날 수를 채우는 사람들이 많을 것입니다. 결혼하려는 사람들은 좋은 배우자 만나기를 기도할 것이며, 경제적인 어려움이 있는 사람들은 기대를 갖고 기도의 날짜를 채울 것입니다. 또한 우리는 더 이상 죄의식에 시달리지 않아도 될 것입니다. 기도의 공식을 따라 기도의 날 수를 채우면 죄 사함을 받을 것이기 때문입니다. 그러나 하나님께서는 기도에 있어서 그런 공식을 만들어 놓지 않으셨습니다.

물론 성경은 기도함에 있어서 하나님의 응답을 가능하게 해주는 어떤 원리를 말합니다. 그러나 그것도 비인격적인 공식으로 이해되어서는 안 됩니다. 우리가 잊지 말아야 할 것은 기도는 하나님과 우리 사이의 인격적인 관계를 기초로 한 대화이며 교통이라는 것입니다. 기독교의 독특한 영적 특성이 여기에 있습니다.

우리가 죄 사함의 확신을 누리는 것도, 사업의 위기 가운데서 해결의 길을 열어 주는 은혜를 경험하는 것도, 좋은 배우자를 만나는 것도 기도를 통해 이루어질 수 있습니다. 어떤 것은 한 번 기도했는데도 하나님께서 이루어 주십니다. 그러나 어떤 것은 10년, 20년 기도해야 이루어 주십니다. 심지어는 일평생 기도해도 하나님께서 이루어 주시지 않는 일도 있습니다. 그리고 어떤 일은 죽으면서도 왜 하나님께서 그 기도를 들어주지 않으셨는지 모르는 채 묻히기도 합니다.

이때 우리에게 필요한 것은 기도를 들으시는 하나님과의 인격적인 관계를 의존하는 것입니다. 자신이 원하는 기도의 응답은 얻지 못했지만 기도할 때 경험한 하나님의 성품을 굳게 붙든다면 그의 영혼은 위험하지 않습니다. 그래서 우리는 기도 응답을 받기 위한 연구에 집중하기보다도 기도를 들으시는 하나님의 성품에 대해서 잘 배워야 합니다. 그리스도인은 하나님을 아는 만큼만 기도할 수 있기 때문입니다.

기도가 하나님을 아는 것보다 못할 수는 있지만 그것을 능가할 수는 없습니다. 많은 그리스도인들이 오랜 기간 교회를 다녔음에도 불구하고 기도의 세계라고 할 만한 비밀을 갖지 못하고 살아가는 것은 기도를 들으시는 하나님의 성품에 대한 지식이 모자라기 때문입니다.

하나님보다 기도 응답을 더 사랑합니까?

기도 응답의 주권이 하나님께 있다는 당연한 사실을 상기할 때 우리에게 다가오는 폭풍과 같은 질문은 이것입니다. "나는 내 인생에 대한 하나님의 주권을 기쁨으로 인정하고 있는가?"

열심히 기도하다가 낙심하는 사람들은 이렇게 말합니다. "이토록 기도했는데도 하나님께서 안 들어주셨다." 기도하면서 왜 낙심합니까? 기도하면서 만나는 하나님에 대한 경험으로 우리의 마음이 뜨거워지기보다는 하나님을 의심하며 기도 응답에 안달하는 것은 무엇 때문입니까? 그것은 우리가 기도에 응답하시는 하나님, 우리를 사랑하시는 아버지께 집중하기보다는 기도를 통해 얻어 내려는 것들에 훨씬 더 많이 집착했기 때문은 아닐까요?

'그렇게 기도했는데도 하나님이 안 들어주시다니······.' 라고 생각하고 낙심하는 것은 이미 그의 기도와 신앙에 무엇인가 문제가 있음을 보여줌니다. 자신이 원하는 방식대로 응답해 주셔야지 하나님을 찬송할 수 있다는 자기중심적인 생각이 그를 지배하고 있기에 기도하다가 좌절하는 것입니다.

우리는 자신의 판단을 상당히 신뢰합니다. 그러기에 하나님께서 우리가 기대하는 결과대로 응답해 주시는 것이 최선의 응답이라고 생각합니다. 그러나 어떤 때는 우리가 기대하는 방향으로 응답되지 않을 때도 있습니다. 그때 그 결과를 받아들이지 못하고 힘겨워 합니다.

그러나 만약 기도하는 우리의 초점이 하나님께 맞추어져 있다면 우리의 기대와는 다른 그 응답이 최선이라는 사실을 받아들일 수 있습니다. 나는 아직 알지 못하지만 하나님께서 나의 인생을 선한 방향으로 이끌어 가실 것이라 확신하기 때문입니다. 이런 인격적인 관계에 기초한 열렬하고 지속적인 기도생활은 우리와 하나님과의 관계를 더욱 돈독하고 견고하게 합니다.

우리는 최선을 다하여 기도하지만 무엇이 최선의 응답인지는 하나님께서 결정하십니다. 우리가 기도를 배우기 앞서 우리의 삶을 하나님의 처분에 맡기는 인격적인 의탁의 과정이 필요한 것도 바로 이 때문입니다.

여기에서 우리가 추론할 수 있는 것은 기도는 삶을 위한 것이라는 사실입니다. 우리 입장에서 보면 기도는 우리의 뜻을 하나님께 관철시키는 수단이지만 하나님의 입장에서 보면 우리의 기도는 하나님께서 우리 안에 당신의 뜻을 이루어 가시는 방법입니다. 그 과정에서 어떤 사람은 병고침을 받기도 하고 어떤 사람은 특별한 고통으로부터 벗어나기도 합니다. 또 죄 가운데 있어 곤고하게 된 사람은 죄 용서를 경험하기도 합니다.

기도 응답을 통해서 우리는 우리의 계획이 아니라 하나님께서 계획하신 바를 이룹니다. 우리가 기도 응답을 통하여 구현하고자 하는 것은 우리가 세운 목표대로 승승장구하는 삶이 아니라 하나님을 기쁘시게 하는 삶이라는 것입니다.

본질을 고치시는 하나님

하나님께서 우리에게 끈기 있는 기도를 요구하시는 것은 인색해서가 아닙니다. 끈기로 이어지는 간절한 기도를 통해서 기도하는 우리 자신이 변화되기를 기대하시기 때문입니다. 하나님께서는 우리의 고통스러운 환경만을 눈세로 여기지 않고 우리의 망가진 부분을 근본적으로 고침으로써 아름다운 건축을 이루는 일에 기도를 사용하십니다(렘 1:10). 그래서 우리는 우리의 필요 때문에 기도하지만 기도하는 그 과정을 통해 하나님의 사람으로 변화됩니다.

그러므로 한 사람의 성품이 아무리 좋아 보인다고 하더라도 그것이 기도를 통해 형성된 것이 아니라면 모두 모조 보석과 같습니다. 기도의 사람이었던 앤드루 머리(Andrew Murray)에 대한 월터 발로우(Walter Barlow)의 회고는 우리가 일생을 기도의 영 안에서 살게 되면 어떤 모습으로 황혼을 맞이하게 되는지를 보여줍니다.

> 존경하는 마음으로 조용히 방 안에 들어서자, 왜소한 체구의 영적 거인이 무릎 위에 손을 포개고 앉아서 우리를 기다리고 있었다. 그는 얼굴에 광채를 띠고 우리 모두에게 다정한 미소를 보냈다. 그리고 우리가 감히 침범 못할 명상적인 분위기에 잠겨 있었다. ······우리가 모두 모이자 머리 박사는 조용히 말했다. "기도합시다." 그 기도의 축복은 지속되고 있다. 그를 만나기 전에 우리 모두는 그를 남아프리카의 가장 사랑받는 설교자일 뿐만 아니라, 세계적

명성의 종교 저술가라고 알고 있었다. 그러나 그 기도가 끝나자 하나님의 사람 앞에 우리가 서 있다는 것을 알게 되었다.

하나님을 바로 알고 그분과의 관계를 즐거워하는 가운데 드려지는 기도를 생각해 보십시오. 기도를 통해 하나님의 성품을 경험하고 나면 우리의 마음에는 하나님을 닮고 싶어하는 소원이 가득해집니다. 그리고 그 소원은 우리로 하여금 예수 그리스도를 닮게 합니다. 왜냐하면 예수님께서 보여주신 삶이 바로 하나님의 성품이기 때문입니다. 그때 죄와 아집과 교만에 가득 차서 제멋대로 살던 우리 안의 천박한 성품은 깨뜨려지고 부서질 것입니다. 기도를 통해 하나님만을 바라보는 과정을 통해서 우리는 어느덧, 하나님께서 잘 빚으실 수 있는 한 덩어리의 진흙처럼 부드럽게 준비된 자신을 발견하게 될 것입니다.

기도하기 전에는 상황이 문제라고 생각하였습니다. 심지어는 자신의 뜻을 헤아려 주지 않으시는 하나님이 문제라고 생각하였습니다. 그러나 기도 응답의 주권을 지닌 하나님만을 간절히 바라보다가 망가진 자신과 하나님과의 관계가 문제라는 사실을 알게 됩니다. 그래서 전에는 상황이 자신을 고통스럽게 하였는데 이제는 그 상황 앞에서 이렇게 반응할 수밖에 없는 변화되지 않은 자신의 존재 자체가 아픔이 됩니다. 그리하여 하나님의 온전한 성품을 더욱 사모하게 되고 그분을 닮고자 하는 강한 소원을 갖게 됩니다. 그러한 거룩한 소원은 우리를 경건한 인격과 거룩한 삶으로 인도합니다.

우리는 모든 인생사를 피상적으로 생각합니다. 경제적인 위기 앞에서는 경제적인 불황이 끝나면 아무 걱정이 없을 것 같고, 사람들과의 관계에 어려움이 있으면 그 관계만 해결되면 모든 것이 잘될 것 같습니다. 일할 곳이 없어서 근심 가득한 사람은 일자리만 생기면 모든 것이 좋아질 것 같습니다. 배우자를 위해 기도하는 사람은 좋은 사람 만나서 결혼만 하면 행복할 것 같습니다. 본질적인 개선을 기대하지 않는 오늘날 그리스도인의 이러한 태도는 우리가 영적으로 얼마나 무감각한 상태에 있는지를 보여줍니다. 정확하게 말하면 형식적인 신앙이 유행하고 있는 이 시대 조국교회의 진정한 관심사가 얼마나 육신적이고 물질적인 것들에 국한되어 있는지를 드러냅니다.

관계의 경험에서 오는 힘

둘째로, 기도는 하나님의 자녀만이 할 수 있다는 사실입니다. 우리는 이러한 교훈을 '택하신 자들'이라는 표현에서 찾을 수 있습니다.

성경에서 어떤 사람을 '택했다.'라고 표현할 때 그 뜻은 모두 같지 않습니다. 어떤 사람은 그저 하나님께서 당신의 계획을 이루시는 데 도구로 택하기도 합니다(스 1:1). 그러나 여기서 말하는 '택하신 자들'은 단지 일을 위한 도구가 아닙니다. '하나님과의 관계로 불러들인 택하심'입니다(사 43:1). 즉, 열심 있는 기도에 응답이 있을 것이라고 확증받은 대상들은 하나님께서 "너는 나의 자녀이고 내 백성이다."라고 말씀하시면서 관계를 맺어 주신 그분의 자녀라는 것입니다. 그러므로 엄밀한 의미에서 불신자는 기도할 수 없습니다. 기도는 예수 그리스도 안에서 구속받은 자들에게 주어진 관계의 특권이기 때문입니다.

우리가 거듭나고 구원을 받으면 하나님과 우리 사이에 생명적인 관계가 성립합니다. 우리는 하나님께로부터 생명을 공급받습니다. 성령께서 우리 안에 충만히 거하실 때는 이 관계가 생생하게 느껴지지만 그렇지 못할 때는 희미하게 느껴집니다. 우리가 하나님과의 생명적인 관계를 충분히 누리며 살 때는 주님의 택함받은 자녀라는 사실이 분명해집니다. "하나님은 내 아버지이시기에 자녀인 나의 기도를 들어주시리라."는 사실을 믿게 되고 이러한 관계의 확신은 기도 응답의 확신을 가져옵니다.

그래서 사탄은 이 관계를 흔들기 위해 부단히 애를 씁니다. 물론 하나님과 우리가 맺은 이 관계는 그 무엇으로도 흔들리지 않는 견고한 것입니다 (롬 8:38-39). 사탄은 단지 우리의 느낌과 생각으로 그 관계를 의심하게 하는 것입니다.

예수님께도 이런 경험이 있으셨습니다. 사탄은 하나님 아버지와의 관계를 의심하도록 예수님을 유혹하였습니다. 예수님께서는 세례를 받음으로써 메시아로 취임한 후 광야에서 사탄의 시험을 받으셨습니다. 그때 사탄이 제일 먼저 한 말이 무엇이었는지 기억합니까? "네가 만일 하나님의 아들이어든 명하여 이 돌들로 떡덩이가 되게 하라"(마 4:3).

사탄은 '네가 만일'이라는 가정법을 사용하고 있습니다. 예수님께서는 분명히 하나님의 아들이셨습니다. 하나님도 아셨고 예수님도 아셨습니다. 심지어는 예수님을 시험하던 사탄도 알고 있었습니다. 그럼에도 불구하고 그가 가정법을 사용한 것은 결핍 가운데 있는 예수님으로 하여금 그 결핍이 주는 고통 때문에 하나님과의 관계를 의심하게 하고자 하기 위함입니다. 그러기에 예수님께서 세례를 받으실 때 하나님께서는 제일 먼저 그 관계를 확실히 하셨습니다. "하늘로부터 소리가 있어 말씀하시되 이는 내 사랑하는 아들이요 내 기뻐하는 자라 하시니라"(마 3:17).

하나님께서는 우리에게도 우리가 하나님의 사랑받는 자녀라는 사실을 말씀하십니다. 우리가 누구인지를 알고 싶으면 십자가를 바라보십시오. 하나님께서는 우리가 범죄함으로 깨트려진 당신과의 관계를 고치려고 당신의 외아들을 십자가에 못 박아 우리를 구속하셨습니다. 이보다 더 확실한 관계의 보증은 없습니다. 하나님께서 당신의 아들을 내어 주신 십자가 사건을 바라볼 때, 우리는 우리의 기도를 들으시는 하나님의 성품을 의심할 수 없습니다. "자기 아들을 아끼지 아니하시고 우리 모든 사람을 위하여 내주신 이가 어찌 그 아들과 함께 모든 것을 우리에게 주시지 아니하겠느냐"(롬 8:32).

기도는 무엇인가를 주고받는 거래가 아닙니다. 주님께서 우리를 아시듯이 우리가 주님을 알고, 하나님을 찾는 것을 그분이 기뻐하신다는 확신 속에서 하나님을 찾는 것입니다. 하나님과의 관계 자체를 즐거워하며 그 관계를 누리며 살도록 우리를 부르신 하나님을 찬송하는 것입니다. 이런 의미에서 볼 때 기도는 하나님과 우리 사이의 관계의 확실성을 훈련하는 장이라고 할 수 있습니다.

삶에서 잊혀지지 않는 기도 제목

우리는 택함받은 자녀입니다. 그러나 그 사실 하나만으로 우리의 기도가 반드시 응답되리라고 믿어서는 안 됩니다. 주님은 '택하신 자들' 앞에 한 가지 수식어를 덧붙이고 계십니다. '밤낮 부르짖는' 이 그것입니다. 그래서 셋째로, 우리가 이 비유를 통해 배우는 교훈은 밤낮 부르짖는 택하신 자들이 기도 응답을 받는다는 사실입니다.

'밤낮 부르짖다.' 라는 표현은 낮에도 교회에서 기도하고, 밤에도 교회에서 철야기도를 한다는 의미가 아닙니다. 먹든지 마시든지 무엇을 하든지 그 기도 제목이 삶에서 잊혀지지 않는 것을 말합니다. 이것은 전 삶의 영역에 스며들어 있는 기도 응답에 대한 소원을 지적하는 말씀이며, 응답해 주시기까지 그치지 않는 처절한 호소를 뜻합니다.

하나님께서 우리의 마음을 절박하게 만들어 기도하게 할 때는 먼저 그 기도 제목이 절실하게 느껴지도록 하십니다. 오랫동안 자신의 기도에 응답하는 하나님 한 분만을 주목하게 하며 간절히 부르짖게 하십니다.

이 가련한 여인이 재판장에게 구한 것은 한 가지였습니다. 그녀에게는 오직 한 가지 소원밖에 없었습니다. 그렇다면 실제로 그녀에게 이 한 가지 말고는 다른 소원이 없었을까요? 아마 다른 소원도 있었을 것입니다. 그러나 이 간절한 기도 제목이 마치 다른 소원은 없는 것처럼 여기게 하였습니다.

우리도 그렇습니다. 우리가 하나님 앞에 밤낮으로 부르짖을 만큼 절박하게 되었을 때는 많은 기도 제목을 갖고 부르짖는 것이 불가능합니다. 우리가 간절히 기도하지 않을 수 없게 되었을 때 우리의 기도 제목은 하나로 모아집니다. 다른 소원들은 마치 사소한 것처럼 느껴지게 되고, 하나의 기도 제목만이 절대적인 소원으로 다가오는 것입니다.

우리가 위대하고 거창한 기도 제목에만 마음이 간절해지는 것은 아닙니다. 사소해 보이는 기도 제목에도 간절해질 수 있고, 그 기도를 통해서 성숙해질 수 있습니다. 우리는 이러한 예를 사무엘 선지자의 어머니 한나에게서 봅니다. 그 여인이 무엇 때문에 성전에 올라가 기도하였습니까? 그녀의 기도 제목은 이스라엘이 전쟁에서 승리하는 것이 아니었습니다. 이 땅에서 짓밟히는 하나님의 이름 때문도 아니었습니다. 그녀는 단지 아들을 낳기 위해서 하나님께 매달렸습니다(삼상 1:10-11).

엄밀한 의미에서 보면 이 얼마나 세상적인 기도 제목입니까? 만약 한나가 이렇게 말했다면 얼마나 감동적이었을까요? "잠시 머물 이 세상, 자식이 없다고 한들 무슨 상관입니까? 제게는 하나님이 계시니 열 아들 있는 자보다 더 행복합니다." 그러나 한나는 아들을 구하였고, 그녀의 마음은 처절하였습니다.

간절한 기도가 사람을 바꾼다

하나님께서는 그녀의 기도에 응답하여 아들을 주셨습니다. 그러나 한나가 기도를 통해서 얻은 것은 단지 아들만이 아니었습니다. 기도를 통하여 그녀의 영혼은 부흥을 경험하였고, 완전히 새사람이 되었습니다. 한나의 이러한 변화는 어린 사무엘을 하나님께 바치는 장면에서 잘 나타납니다(삼상 2:1-10).

한나에게 사무엘은 자식이 많은 여인의 여러 아들 중 하나가 아니었습니다. 아들이 없어서 첩에게 갖은 수모를 당하며 살아왔던 그녀가 목숨을 건 기도를 통해서 얻은 귀한 아들이었습니다.

그런 자식에게 앞가슴을 풀어헤쳐 젖을 물릴 때 그 기쁨이 얼마나 컸겠습니까? 아이가 솜털을 벗고 살이 올라 점점 더 예쁜 모습으로 자라갈 때 그 아들을 향한 한나의 사랑이 얼마나 애절했겠습니까? 마치 인사불성이 된 여자처럼 하나님께 아들을 달라고 몸부림치며 기도하던 그 시간에 그녀가 새사람이 되지 않았다면 어찌 그 아들을 하나님께 바칠 수 있었겠습니까? 하나님께 했던 서원이야 무슨 핑계를 대고서라도 번복하지 않았겠습니까?

아들을 주시면 하나님께 바치겠다고 했지만 집착 강한 그녀의 성격으로 미루어 볼 때 사무엘을 당장 하나님께 바치지 않으려는 구실은 얼마든지 만들 수 있었습니다. 자기를 "엄마!"라고 제대로 부르지도 못하는 어린 것을 하나님의 집에 떼어 놓고 어떻게 돌아설 수 있었겠습니까? 그러나 생사간에 매달리는 기도의 과정을 통해서 한나는 변했습니다. 아들을 낳고 싶다는 기도 제목 하나에 목숨을 걸고 기도하자 하나님께서 그녀의 전부가 되셨습니다.

그녀가 처음부터 고상한 기도 제목을 가졌던 것은 아니었습니다. 당시 여염집 여자들이 가질 수 있는 평범한 수준의 기도 제목에서 출발하였습니다. 그러나 그녀는 거기에 자신의 생명을 걸었습니다. 그녀가 수준 낮은 기도 제목에 목숨을 걸었기 때문에 그것이 한나에게 불명예가 되었습니까? 하나님께서 그녀의 기도에 귀를 덜 기울이셨습니까? 그렇지 않습니다. 오히려 아들 하나 낳게 해 달라는 그 기도를 통해서 그녀는 믿음의 사람으로 기록되었습니다.

사람들이 기도를 많이 해도 하나님께로부터 인격적인 영향을 거의 받지 못하는 것은 그의 기도가 하나님께만 집중된 열렬하고 깊은 것이 아니기 때문입니다. 뒤로 물러설 수 없는 불퇴전의 의지로 하나님께 매달리는 집중된 진지함과 열심이 결핍되어 있기 때문입니다. 그러나 만약 우리가 절박하게 하나님의 얼굴을 구하며 기도에 매달린다면 그 기도의 시간을 통해 하나님께서는 더 큰일을 이루십니다. 그것은 바로 우리 자신을 바꾸시는 것입니다.

하지만 너무나 많은 사람들이 간절히 기도하지 않고도 아무렇지 않게 살아갑니다. 중요한 기도 제목이 있으면서도 중요한 것처럼 기도하지 않습니다. 생명이 달린 기도 제목인데도 기도의 태도는 전혀 진지하지 않습니다. 말로는 그 기도에 자신의 생명이 달렸다고 하면서도 노는 것처럼 기도합니다. 그러고도 기도가 응답되기를 기대한다면 그것은 종교적인 요행수를 바라는 것과 다르지 않을 것입니다.

하나님께서 도와주시지 않으면 아무 소망이 없는 사람들인데 무엇을 믿기에 배부른 태도로 하나님께 기도하지 않는지 이해되지 않습니다. 하나님께서 함께하시지 않으면 아무것도 아닌 사람들이 무엇을 믿기에 하나님께 기도하지 않는지 모르겠습니다. 아마도 우리는 밤낮 부르짖으라는 주님의 명령보다는 자신이 택함받았다는 헛된 자만에 빠져 있는 것 같습니다.

신앙에 있어서 이제 걸음마 수준인 사람들에게 죄악된 이 세상으로 인하여 매일 통곡하라는 것은 무리일 것입니다. 그러나 무슨 기도 제목이든지 그것이 하나님을 위해서 반드시 응답되어야 할 것이라면 우리는 한나처럼 기도해야 하지 않겠습니까?

원한이 된 기도 제목이 있습니까?

간절히 부르짖으며 포기하지 않는 것이야말로 기도 응답의 지름길입니다. 물론 짧은 시간 기도했음에도 불구하고 하나님께 응답받는 기도의 제목들도 있습니다. 그러나 우리 인생을 우울하게 만들고 그 앞에 설 때마다 우리의 마음을 물처럼 쏟게 만드는 기도 제목은 어제오늘에 생긴 것이 아닙니다. 대부분 오랫동안 계속되어 왔고 여러 번 기도했지만 응답이 없거나 더뎌서 우리를 아프게 하는 것들입니다.

그런 기도 제목을 잊고 살아갈 때면 자신이 제법 괜찮은 사람처럼 여겨집니다. 그러나 그 기도 제목 앞에 설 때면 겸손을 배웁니다. '아, 하나님께서 나를 돌아보지 않으시면 나는 정말 아무것도 아니구나!'

기도의 열렬함이 문제의 냉혹함을 능가하기 위해서는 우리의 땀과 눈물, 피와 수고가 기도에 바쳐져야 합니다. 그런데 우리의 기도가 정말 간절합니까? 응답받아야 할 필요가 너무 절박한 나머지 그 기도 제목이 우리 마음에 한처럼 맺혀 있습니까? 같은 기도 제목으로 너무 오랫동안 부르짖어 왔기에 마음에 응어리가 되었습니까? 그 기도 제목만 생각하면 눈물이 쏟아질 것 같은 그런 기도의 제목이 있느냐는 것입니다.

그 기도의 제목이 어느 정도의 수준인지는 상관없습니다. 영적인 결핍에 대한 문제이든지, 당장 살아가기 위한 물질의 필요이든지 괜찮습니다. 우리의 진정한 문제는 엄연히 문제가 있음에도 불구하고 간절히 기도하지 않는 것입니다. 하나님 앞에 매달리지 않고 살아가는 것입니다. 우리에게 하나님을 향한 간절함이 없기에 기도해도 그 기도가 마음 깊은 곳을 파고들지 않는 것입니다.

속히 그 원한을 풀어 주시리라

그런데 예수님께서는 이 비유 말미에 이렇게 말씀하십니다. "그러나 인자가 올 때에 세상에서 믿음을 보겠느냐"(눅 18:8). 마지막 때가 되면 간구하면 응답해 주시는 능하신 하나님을 믿는 사람을 찾기 어려울 것이라고 예수님께서는 말씀하십니다. 그날에는 자신의 삶을 주님의 손에 걸고 주님만을 바라보며 사는 사람들을 찾기 어려울 것입니다. 하나님께서 응답해 주실 때까지 처절하게 기도하는 사람을 만나기 어려운 것입니다. 예수님께서는 마지막 때가 되면 사람들의 삶의 초점이 하나님이 아닐 것임을 예언하고 계십니다.

우리는 지금 이 예언이 이루어지고 있는 시대를 살아가고 있습니다. 대부분의 그리스도인의 삶의 초점은 하나님이 아닙니다. 생애를 걸고 주님과의 관계에 집중하는 사람들도 드물고, 자신의 기도에 응답해 주심으로써 하나님께서 영광을 받으시리라는 확신을 가진 사람들도 희귀합니다.

그렇기 때문에 마지막 때에 열렬히 기도하는 성도들을 향한 주님의 관심은 더욱 커질 것이며, 베푸실 은혜는 더욱 각별할 것입니다.

믿음으로 하나님을 바라보며 기도하는 자들에게 예수님께서는 이렇게 말씀하고 계십니다. "너희는 기도하라. 낙심하지 말고 밤낮 부르짖으라. 하나님 아버지가 능력이 없거나 사랑이 없어서 응답해 주지 않는 것이라는 헛된 생각을 버리고 기도하라. 너희는 기도하되 마치 원한에 사무친 것처럼 기도하라. 그리하면 하나님께서 속히 그 원한을 풀어 주시리라."

5장
낙심이 기도를 망친다 과부에게서 배운다

낙심은 기도의 불을 끄는 지름길입니다

사탄이 성도들의 기도의 불을 끄는 지름길은 기도하는 이들을 낙심하게 하는 것입니다. 그 낙심이 지나치면 하나님의 자녀임에도 불구하고 그분께 대한 섭섭한 마음과 배신감, 더 나아가서 반감을 갖게 됩니다. 하나님을 신뢰하여야 기도가 깊고 열렬하게 될 텐데 사탄은 하나님과 우리의 관계에 대해 더 많은 의심을 갖게 하고 하나님의 성품을 의심하게 합니다. 그런 마음으로 신자는 기도할 수 없습니다.

사람들은 믿음의 눈으로 상황을 바라보면서 하나님의 뜻을 읽습니다. 그래서 육체의 눈으로 봤을 때는 절망할 수밖에 없는 상황에서도 희망을 가질 수 있습니다. 우리가 항상 기도하면서 낙심하지 말아야 할 것을 배워야 하는 이유가 여기에 있습니다.

기도 응답의 주권은 하나님께 있습니다

기도하는 것은 우리의 일이고, 그 기도를 들어주시는 것은 하나님께 속한 일입니다. 하나님께서는 우리의 기도를 들어줄 수 있는 힘과 능력이 있지만 응답하시는 것은 오로지 그분의 자유로운 주권이라는 것입니다. 우리는 최선을 다하여 기도하지만 무엇이 최선의 응답인지는 하나님께서 결정하십니다. 우리가 기도를 배우기 앞서 우리의 삶을 하나님의 처분에 맡기는 인격적인 의탁의 과정이 필요한 것도 바로 이 때문입니다.

기도는 하나님의 자녀만이 할 수 있습니다

기도는 하나님의 자녀만이 할 수 있습니다. 우리는 이러한 교훈을 '택하신 자들'이라는 표현에서 찾을 수 있습니다. '택하신 자들'은 단지 일을 위한 도구가 아닙니다. '하나님과의 관계로 불러들인 택하심'을 말합니다. 즉, 열심 있는 기도에 응답이 있을 것이라고 확증받은 대상들은 하나님께서 "너는 나의 자녀이고 내 백성이다."라고 말씀하시면서 관계를 맺어 주신 그분의 자녀라는 것입니다.

그러므로 기도는 무엇인가를 주고받는 거래가 아닙니다. 주님께서 우리를 아시듯이 우리가 주님을 알고, 하나님을 찾는 것을 그분이 기뻐하신다는 확신 속에서 하나님을 찾는 것입니다. 하나님과의 관계 자체를 즐거워하며 그 관계를 누리며 살도록 우리를 부르신 하나님을 찬송하는 것입니다. 이런 의미에서 볼 때 기도는 하나님과 우리 사이의 관계의 확실성을 훈련하는 장이라고 할 수 있습니다.

원한이 된 기도 제목이 있습니까?

하나님의 자녀라는 이유 하나만으로 우리의 기도가 반드시 응답되리라고 믿어서는 안 됩니다. '밤낮 부르짖는 택하신 자들'이 기도 응답의 특권을 가진 사람들이기 때문입니다. '밤낮 부르짖다.'라는 말은 낮에도 교회에서 기도하고, 밤에도 교회에서 기도를 한다는 의미가 아닙니다. 먹든지 마시든지 무엇을 하든지 그 기도 제목이 삶에서 잊혀지지 않는 것을 말합니다. 이것은 전 삶의 영역에 스며들어 있는 기도 응답에 대한 소원을 지적하는 말씀이며, 응답해 주시기까지 그치지 않는 처절한 호소를 뜻합니다.

손으로 고백하는 기도

1. 기도 응답이 너무 더디 와서 혹은 당신이 기대한 것과는 다른 응답이 와서 낙심한 적은 없었습니까? 그런 때가 있었다면 적어 보세요. 그리고 하나님께 대한 섭섭한 감정이 아직도 남아 있지 않은지 생각해 보세요. 혹시 섭섭한 마음이 있다면 그것까지도 하나님께 솔직히 고백해 보세요.

2. 기도는 사람을 바꿉니다. 어떤 기도 제목이 있어서 간절히 기도하다가 기도 가운데 만난 하나님으로 인해서 자신이 변화된 부분은 없었나요? 그러한 것이 있다면 과거의 자신과 현재의 자신을 비교하며 적어 보세요.

6장

불화가 기도를 막는다

남편들에게서 배운다

남편들아 이와 같이 지식을 따라 너희 아내와 동거하고
그를 더 연약한 그릇이요 또 생명의 은혜를
함께 이어받을 자로 알아 귀히 여기라
이는 너희 기도가 막히지 아니하게 하려 함이라

벧전 3:7

기도가 수렁에 빠지지 않았습니까?

어떤 사람이 음주 운전을 했습니다. 자동차의 운행 방향이 오락가락한 것을 수상하게 여긴 경찰이 오토바이로 따라오면서 확성기를 통해 정지를 명령하였습니다. 다급해진 운전자는 경찰을 따돌리기 위해 있는 힘을 다하여 가속 페달을 밟았습니다. 그런데 경찰 오토바이가 얼마나 빨리 따라왔던지 왼쪽 차창 밖으로 보였습니다. 운전자는 죽기 아니면 까무러치기라고 생각하고 가속 페달을 더 세게 밟았습니다. 그러나 오토바이에서 내린 경찰이 차창을 손으로 툭툭 두드리는 것이었습니다. 알고 보니 차가 진창에 빠진 것도 모르고 가속 페달만 밟고 있었던 것입니다.

우리의 기도생활이 혹시 이렇게 진흙탕에 바퀴가 빠진 차처럼 헛돌고 있지는 않습니까? 아무리 열심히 기도해도 신령한 역사가 일어나지 않는 기도생활을 하는 사람들에게 필요한 것은 더 많은 기름이나 가속 페달을 더 세게 밟는 열심이 아닙니다. 이런 사람들에게는 진창에서 벗어날 수 있도록 하는 디딤돌 같은 것이 필요합니다. 일단 자동차 바퀴가 도로에 올라와야 달릴 수 있기 때문입니다.

우리의 기도생활에 진보가 없을 때 한 번쯤은 이 비유를 생각해 보기 바

랍니다. 무턱대고 열심 하나로 밀어붙이려고 하지 말고 자신의 기도가 넝적인 수렁에 빠진 것은 아닌지 점검해 보아야 합니다. 이 장에서는 너무나 자주 빠지면서도 잘 의식하지 못하는 기도의 수렁 한 가지를 다룸으로써 우리의 기도생활에 박차를 가하고자 합니다. 그것은 바로 가정생활의 문제입니다.

가정과 교회

하나님께서는 우리에게 가정과 교회를 주셨습니다. 이 두 기관은 우리가 하나님을 알아가고 참된 사람이 되게 하는 데 필수적이고 결정적인 역할을 합니다. 그래서 이 두 기관과의 관계가 건강해야 하며 둘 중 하나가 병들면 나머지 영역의 삶도 건강을 유지할 수 없게 됩니다.

우리의 결혼 생활은 교회 생활과 매우 밀접한 관련이 있습니다. 저는 한 쌍의 원앙 같던 부부가 신앙생활이 무너지면서 결국 그 가정이 깨어지는 것을 여러 번 보았습니다. 그리고 그 반대의 경우도 있습니다. 회복될 가망이 없어 보이던 가정이었는데, 하나님께서 그 가정에 은혜를 주시자 가정이 놀랍게 회복되는 것입니다.

건강한 가정과 건강한 교회는 두 개의 동심원이라고 할 수 있습니다. 이 두 개의 동심원이 아름답게 그려지고, 그 안에서 건강한 삶을 살아갈 때 우리는 제대로 된 신자의 삶을 살아갈 수 있습니다. 거룩하고 뛰어난 영적인 삶도 이처럼 가장 기초적인 삶을 기반으로 구축되는 것입니다.

그러나 많은 사람들이 신앙에 대한 진지한 생각 없이 가정을 꾸려 갑니다. 그들은 마치 이렇게 말하는 것 같습니다. "하나님 없이도 우리는 이렇게 행복하게 잘 삽니다." 하지만 이런 가정의 행복이 영원할 리 없습니다. 두 사람이 아무리 서로 사랑하며 산다 해도 그 결합이 하나님을 위한 것이 아니라면, 그것은 단지 시집가고 장가가는 것 외에는 아무것도 아닙니다. 그러면 그것은 이 세상에서 가장 세속적인 일 중 하나가 됩니다.

소돔과 고모라 성의 사람들이 하나님의 심판을 피하지 못한 이유가 무엇 때문이었습니까? 왜 노아 시대 사람들이 경고를 받고도 하나님의 심판에 대비하지 않았습니까? 그 이유 중 하나가 바로 먹고 마시고 시집가고 장가가는 일 때문이었습니다(마 24:38, 눅 17:27-29).

가장 가까운 사람, 남편과 아내

멀리서 봤을 때는 별로 신통치 않은 것 같은데 가까이 다가가면 좀 더 나아 보이는 사람이 있습니다. 그리고 아주 가까이 다가가면 그가 매우 진실한 그리스도인임을 알게 하는 사람이 있습니다. 우리는 가까이 다가갈수록 매력을 느끼게 해주는 인격을 가진 사람이 되어야 합니다.

한 사람에게 가장 가까이 있는 사람은 그의 남편 혹은 그의 아내입니다.

그래서 한 사람의 성공이 참된 것인지를 알아보려면 그 사람의 남편이나 아내의 이야기를 들어 보면 알 수 있습니다. 그들이 이렇게 말한다면 주위의 사람들이 그를 어떻게 평가하든지와는 상관없이 그의 인생은 성공한 것이 아닙니다. "저 사람을 만나게 하신 하나님을 원망합니다.", "인간이 어떻게 저럴 수가…….", "성경에 이혼하지 말라는 명령만 없었다면 벌써 헤어졌을 것입니다.", "저의 최대의 십자가는 제 아내입니다.", "남편이 저를 겸손하게 하는 가시입니다."

한 사람이 세상에서 아무리 많은 업적을 이루고 성공하였다고 할지라도 자신의 아내에게 인정받지 못한다면 그 사람의 인생은 진정한 의미에서 성공한 것이라 할 수 없습니다. 아무리 능력 있는 여자라고 인성빋이도 남편에게 인정받지 못한 아내 또한 마찬가지입니다. 집안에서 가족이 전혀 인정해 주지 않는 그리스도인이라면 그가 이 세상에서 어떤 성공을 거두었다고 할지라도 그것은 모두 세상일에 불과합니다.

그런데 그리스도인들이 이러한 평범한 삶의 원리를 얼마나 쉽게 무시하는지 모릅니다. 가정을 마치 사회에서의 성공을 위한 발판 정도로 생각하는 가장이 얼마나 많은지 모릅니다. 그들에 의해 다스려지는 가정에서는 가족들의 희생과 상처밖에는 기대할 것이 없습니다.

너희 아내와 동거하라

아내를 데리고 다녔다는 성경의 기록이나 예수님께서 그의 장모를 고쳐 주셨다는 기록으로 미루어 볼 때 사도 베드로는 결혼한 사람이었습니다(고전 9:5, 막 1:30). 따라서 기도생활과 부부생활을 연결하여 다루고 있는 베드로의 권면은 자신의 체험을 반영하고 있기 때문에 더욱 생생하게 다가옵니다.

기도를 방해하는 요인 중 하나는 부부간의 불화입니다. 그리고 부부간의 불화를 일으키는 주된 원인이 아내의 경우 남편에게 순종하지 않으려는 마음입니다. 그래서 베드로는 이렇게 말합니다. "아내들아 이와 같이 자기 남편에게 순종하라"(벧전 3:1). 그리고 또 베드로는 이렇게 말합니다.

> 남편들아 이와 같이 지식을 따라 너희 아내와 동거하고 그를 더 연약한 그릇이요 또 생명의 은혜를 함께 이어받을 자로 알아 귀히 여기라 이는 너희 기도가 막히지 아니하게 하려 함이라(벧전 3:7).

베드로는 남편들에게 아내와 동거하고 그를 귀히 여기라고 권면합니다. 이 권면의 목적은 남편들의 기도가 막히지 않게 하기 위함입니다. 이 구절을 토대로 우리는 부부간의 불화를 일으키는 남편들의 가장 일반적인 덫이 아내와 동거하지 않는 것과 아내를 함부로 대하는 것임을 알 수 있습니다. 그래서 베드로는 다음의 두 가지를 권합니다.

첫째로, 아내와 동거하는 것입니다. 여기서 '동거한다.' 라는 말은 헤어지지 말고 같이 살라는 뜻입니다. 장소적으로 함께 한 방에서 지낸다고 하여 그것이 모두 참된 동거라고는 할 수 없습니다. 피치 못할 사정으로 따로 떨어져 있지만 같이 사는 것 같은 부부가 있고, 한 이불 덮고 살지만 남남처럼 사는 부부가 얼마든지 있기 때문입니다.

동거한다는 것은 장소적인 동거를 넘어서 정신적인 동거를 뜻하며 나아가서 인격적인 연합 속에서 살아가는 것을 가리킵니다. 장소적인 동거는 정신적인 동거의 기초가 됩니다. 그래서 부부는 장소적으로 한곳에서 동거하여야 합니다. 부부생활의 이러한 원리를 온전히 따르지 아니하면

언젠가는 부부 관계의 결합이 약화될 수밖에 없습니다.

부부는 장소적인 동거에서 더 나아가, 정신적인 동거를 이루어야 합니다. 이것이 진정한 의미의 동거입니다. 정신적인 동거는 마음이 함께하는 것을 말합니다. 좋은 일이 생기면 함께 기뻐하고, 마음이 괴로울 때는 고민을 털어놓고 기댈 수 있는 인생의 동반자가 되어야 합니다. 부부는 서로가 서로에게 이런 사람이 되어야 합니다.

성경이 '동거하라.'는 명령을 아내가 아니라 남편에게 주고 있는 점을 눈여겨보십시오. 남편에게는 정신적, 육체적으로 동거해야 할 의무에서 자주 이탈할 수 있는 환경적이고도 본성적인 요소가 있습니다. 그렇기 때문에 성경은 남편에게 동거하라고 명령합니다. 그렇지만 아내도 남편이 이 의무를 잘 감당할 수 있도록 지혜롭게 도울 줄 알아야 합니다.

아내를 귀히 여기라

둘째로, 아내를 귀하게 여기는 것입니다. "그를 더 연약한 그릇이요 또 생명의 은혜를 함께 이어받을 자로 알아 귀히 여기라"(벧전 3:7). 남편들은 자신의 아내를 연약한 그릇으로 알고 귀하고 조심스럽게 다루어야 합니다. 우리가 질그릇이나 유리그릇처럼 잘 깨지는 그릇을 다룰 때는 조심합니다. 그것은 잘 깨질 뿐만 아니라 값도 비싼 소중한 살림살이이기 때문입니다. 남편들은 아내를 이처럼 조심히 다루어야 합니다. 그래야만 기도가 막히지 않습니다.

아내는 연약하게 빚어진 그릇과 같습니다. 그래서 남편들은 어떤 식으로든 아내를 함부로 대하며 살아온 삶에 대하여 깊이 참회해야 합니다. 아내를 인격적으로 대하지 아니하여 연약한 마음을 자주 깨어지게 하였던 것에 대해서 회개하여야 합니다. 그래야만 그의 기도의 세계가 회복될 수 있습니다.

열심 있는 신앙을 가진 그리스도인들 중에도 부부 관계에 있어서는 폭압적으로 군림하려는 사람들이 있습니다. 하나님께서 허락하신 정당한 의무를 이행하기 위해서가 아니라 자신의 뜻을 관철하기 위해서 고압적으로 굴면서 가정을 짓밟을 때가 얼마나 많은지 모릅니다.

그러나 하나님께서는 남성을 그런 식으로 가정에 세우지 않으셨습니다. 남편은 가정을 세워 감에 있어서 어떤 죄악이나 비성경적인 생각이 뿌리내리지 못하도록 가장으로서 단호하게 대처해야 합니다. 그는 두렵고 떨리는 마음으로 가정을 돌보아야 하며 필요한 때는 온가족이 따라야 할 신앙적인 결단을 내릴 줄도 알아야 합니다. 그러나 이런 권위 있는 행동들도 모두 자비와 사랑의 마음으로 행사되어야 합니다. 하나님 아버지께서 당신의 자녀인 우리들에게 그러하시듯이 남편들도 가족을 위하는 진실한 마음으로 이 권위를 행사하여야 합니다. 그래야만 그들의 기도가 막히지 않습니다.

하나님께서는 여성들이 부부 관계 속에서 남성의 사랑과 보호를 받으며 살아가도록 하셨습니다. 그래서 영국의 주석가 매튜 헨리(Matthew Henry)는 이렇게 말했습니다.

> 여자는 남자의 갈비뼈에서 취한 바 되었습니다. 남자를 누르고 지배하도록 머리뼈에서 취하지 아니하였고, 남자에게 짓밟히고 지배당하도록 발바닥뼈에서 취하지도 아니하였습니다. 남자와 동등하도록 그의 옆구리에서 취한 바 되었으니, 남자의 보호를 받도록 팔 가까운 곳에서, 사랑을 받도록 심장 가까운 곳에서 취한 바 되었습니다.

아내는 단지 남편을 섬기기 위한 노예나 그를 만족시키기 위한 인형이 아닙니다. 아내 또한 남편과 마찬가지로 결혼 생활을 통해 하나님께 영광을 돌리며 살도록 부름받은 존재입니다. 비록 기능적인 질서에 있어서는 남편에게 순종하며 가정을 돌보도록 부름받았지만 아내를 그곳에 세운 분은 하나님이십니다.

그러므로 남편은 아내를 자신과 대등한 관계 속에서 하나님을 섬기며 사는 인생의 동반자로 여겨야 합니다. 그래야만 진정한 의미에서 아내를 연약한 그릇으로 알아 귀하게 여기게 됩니다.

돌덩이 같은 마음의 가장

우리의 가정이 성경적인 관점에서 올바르게 세워지기 위해서는 하나님을 경외하는 가장의 존재가 가장 중요한 기본 요건입니다. 그러나 오늘날 우리 시대의 일그러진 가정을 보십시오. 우리 주위에는 아내의 믿음이 약해서 괴로워하고 안타까워하는 가장들보다는 남편의 영적 변화를 위해 기도하는 아내들이 훨씬 더 많습니다. 절대 다수의 가장들은 가족들의 신앙을 위해 기도하기는커녕 신앙적으로 기본조차 되어 있지 않습니다.

그들이 정말 기도하는 가장들입니까? 남편이고 아버지이기 전에 그들이 정말 신령한 그리스도인들입니까? 성경은 남편이 아내와 동거하고 그를 연약한 그릇으로 알아서 잘 보호하지 않으면 기도가 막힌다고 하였지만 과연 이 시대의 남편들이 기도하는 사람들입니까? 가장 돌덩이 같은 마음을 가진 사람들이 누구입니까? 바로 이 땅의 아버지들입니다. 하나님 앞에서 고개를 숙일 줄 모르는 사람들이 이 땅의 남편들입니다.

교회에는 나온다 할지라도 구원의 확신조차 없거나 기본적인 영적 생활이 구축되지 않은 사람들이 대부분입니다. 열린 기도의 세계 속에서 살아 보지 않은 사람은 기도가 막히는 것이 무엇인지를 알 리 없고 막히는 것을 두려워할 리가 없습니다.

이들이 변화되지 않기 때문에 우리의 가정에 일그러진 모습이 투영됩니다. 가장들이 자신의 가장 중요한 본분을 게을리하는 동안 가족들은 온갖 불경건한 사상과 불신앙의 풍조에 젖게 됩니다. 세상 속에 팽배한 합리주의와 이기주의적인 사고방식, 향락주의는 온 가족의 영혼을 노략질하는 위험한 맹수가 되어 그들의 영혼을 해치고 있습니다. 그러나 하나님께서는 가정에 가장을 그렇게 세우지 않으셨습니다.

가장의 영광스러운 특권

그리스도인인 남편들은 자녀에게 순종을 가르치고 주님의 교훈과 훈계로 양육하여야 합니다. 또한 아내를 연약한 존재로 여겨 보호하고 돌봄으로써 아내가 경건한 남편을 따르며 그의 입에서 흘러나오는 교훈을 달게 받을 수 있도록 하여야 합니다.

하나님께서는 이런 거룩한 목적을 위하여 남편들을 가장으로 세우셨습니다. 그러나 너무나 많은 가장들이 그리스도인임에도 불구하고 가족들을 목회하지는 아니하고 먹여 살릴 일에만 몰두합니다. 이 시대의 가장들은 단지 가족들을 먹여 살리기만 하면 자신의 의무는 끝난 것으로 생각합니다.

하지만 주님께서 가장들인 남편에게 기대하신 바는 이것입니다. 남편은 가장으로서 가정에 대한 자신의 의무를 신실하게 이행하고 자신에게 맡겨진 가족들의 영혼을, 마치 후일 하나님 앞에 서서 자신이 책임져야 할 영혼인 것처럼 생각하여 목회자의 심정으로 그들을 돌보는 것입니다. 그래서 가장은 한 가정의 목회자입니다.

리처드 백스터(Richard Baxter)는 17세기 영국의 청교도 목사였습니다. 그는 키더민스터라는 고장에서 약 16년 동안 머물면서 열심 있는 목회로 거룩한 감화를 끼쳤던 사람입니다. 벤저민 포셋(Benjamin Fawcett)이라는 사람은 그곳에서의 그의 사역이 경건한 가정을 다시 세우는 데에 어떠한 영향을 미쳤는지에 대하여 다음과 같이 회고하였습니다.

> 그가 오기 전의 키더민스티에는 무지와 불경스러움이 가득 차 있었으나, 하나님께서 그의 지혜롭고 신실한 가르침에 복을 내리셔서 의의 열매가 풍성히 맺게 하셨다. 처음에는 매일 가정 기도회를 갖는 집을 한둘밖에 볼 수 없었지만, 그가 그곳을 떠날 즈음에는 매일 가정 기도회를 드리지 않는 가정이 한둘밖에 없었다. 심지어 주일에 마을을 지나가다 보면, 오랫동안 익숙하게 보이던 노골적이면서도 참람한 행동은 보이지 않고 수백 가정이 공적 예배 사이사이에 시편을 노래하거나 성경이나 다른 좋은 책들 혹은 강단에서 말씀이 선포될 때 기록한 설교들을 읽는 소리를 들을 수 있었다.

그렇게 한 동네가 하늘나라처럼 변했을 때 가정에는 매일 기도회가 열렸습니다. 그러면 누가 그 기도회를 인도했을까요? 말할 필요도 없이 그 가정의 가장들입니다. 가장이 교회의 공적인 예배 후에 교회에서 깨달은 바를 식구들에게 가르치는 것은 교회의 영광스러운 전통이었습니다. 이것은 가장만이 누릴 수 있는 특권이었습니다.

그런데 만약 그가 자신의 가정에서 예배를 드리려고 하는데 큰아들은 학교에 간다고 나가고, 작은딸은 친구를 만난다고 나가고, 막내는 아프다고 드러눕고, 아내는 "당신이 설교만 안 한다면 내가 예배드리지요."라고 하는 처지가 된다면, 그는 이미 한 가정을 목회할 자격을 잃어버린 사람입니다.

생명의 은혜를 함께 이어받을 자

본문에서 남편들에게 상기시키는 사실이 또 하나 있습니다. 그것은 남편에게 있어서 아내는 '생명의 은혜를 함께 이어받을 자'라는 사실입니다. 물론 구원은 개인적인 것입니다. 각 개인의 신앙으로 구원을 받는 것입니다.

그러나 만약 두 사람이 그리스도인이라면 그들은 진정으로 하나입니다. 두 사람은 생명적으로 결탁되어 있습니다. 그래서 그들은 서로의 신앙과 구원, 성화의 진보를 자신의 것처럼 여기며 살아가야 합니다. 하나님께서는 이 세상에서 오직 부부 두 사람만이 이런 결합을 이루며 살아가도록 부르셨습니다. 그들은 떨어질 수도 없고 떨어져서도 안 되는 사람들입니다. 그리스도께서 교회와 연합하신 것처럼 남편은 아내와 그렇게 연합되어 있습니다. 아내와 남편은 떨어질 수 없는 관계를 지속하다가 마지막 날 주님 앞에 갔을 때 함께 한 가정을 이루며 섬겨 온 사람들로서 생명의 은혜를 함께 받는 것입니다.

부부 관계의 건강함은 하나님과의 관계에 큰 영향을 미칩니다. 죽음 이후에도 영원히 계속될 예수 그리스도와의 관계를 중요하게 생각한다면, 아내나 남편은 서로에 대한 관계를 예수 그리스도와의 관계를 소중하게 생각하는 것처럼 중요하게 여겨야 합니다. 왜냐하면 이러한 관계 속에서 부부가 살아가도록 명령하는 분이 바로 주님이시기 때문입니다.

손 꼭 잡고 함께 가는 길

　잘못된 부부 관계가 바른 길로 들어서는 시발점은 서로에게 마음을 주는 것입니다. 남편은 아내와 정신적으로 동거하며 살아오지 못한 날들을 깊이 뉘우치며 남편 없이 홀로 가정을 지키며 살아오기 위하여 지불하였던 아내의 아픔을 헤아리는 사람이 되어야 합니다. 그리고 지금부터라도 부부 사이의 정신적이고 인격적이며 영적인 결합을 굳게 하고 마음을 주는 사이가 되어야 합니다. 그래서 아내로 하여금 이렇게 고백할 수 있게 하여야 합니다.

　이 세상에 태어나서 꼭 한 번밖에 맺을 수 없는 부부의 연을 당신과 맺게 되어 너무나 행복합니다. 당신이 나의 남편이 되어 내 곁에 있어서 나는 정말 감사합니다. 만약 내 생애에 당신이 없었더라면 나의 인생은 황량한 벌판에서 혼자 찬바람을 맞는 것 같았을 것입니다. 당신도 온전하지 않고 나도 온전하지 않습니다. 그러나 우리의 이 부족한 모습이 변화되어서 더 온전해지도록 서로를 보듬어요. 평화로운 때에는 우리에게 평안을 주신 하나님을 찬송하고, 어려운 때에는 한마음이 되어 서로 격려하며 지내요.

　우리는 고달픈 인생길을 걸어가고 있습니다. 부부는 더운 여름에 아름다운 그늘이 드리워진 시원한 개울가와 같이 서로에게 쉼을 줄 수 있고, 위로와 용기를 북돋아 줄 수 있어야 합니다. 그들은 모진 바람 가득한 인생길에서 서로 기대며 살다가 함께 하나님 앞에 가는 사람들입니다. 이러한 건강한 가정 없이는 경건한 기도도 없습니다. 하나님께서는 서로를 아끼고 사랑하는 경건한 성도들의 기도에 귀를 더 기울이시기 때문입니다.

6장
불화가 기도를 막는다 남편들에게서 배운다

하나님이 주신 두 기관, 가정과 교회

하나님께서는 우리에게 가정과 교회를 주셨습니다. 이 두 기관은 우리가 하나님을 알아가고 참된 사람이 되는 데 필수적이고 결정적인 역할을 합니다. 그래서 이 두 기관과의 관계가 건강해야 하며 둘 중 하나가 병들면 나머지 영역의 삶도 건강을 유지할 수 없게 됩니다. 거룩하고 뛰어난 영적인 삶도 이처럼 가장 기초적인 삶을 기반으로 구축되는 것입니다.

기도를 방해하는 부부간의 불화

부부간에 불화하면 기도가 막힙니다. 그리고 부부간의 불화의 주된 원인이 아내에게는 남편에게 순종하지 않으려는 마음입니다. 또한 남편들에게는 아내와 동거하지 않는 것과 아내를 함부로 대하는 것입니다. 그래서 베드로는 말합니다. "남편들아 이와 같이 지식을 따라 너희 아내와 동거하고 그를 더 연약한 그릇이요 또 생명의 은혜를 함께 이어받을 자로 알아 귀히 여기라 이는 너희 기도가 막히지 아니하게 하려 함이라"(벧전 3:7).

남편들을 향한 두 가지 권면

베드로는 남편들에게 다음 두 가지를 권면합니다. 첫째로, 부부가 동거하는 것입니다. 여기서 '동거한다.'라는 말은 헤어지지 말고 같이 살라는 뜻입니다. 동거한다는 것은 장소적인 동거를 넘어서 정신적인 동거를 뜻하며 나아가서 인격적인 연합 속에서 살아가는 것을 가리킵니다. 부부는 장소적인 동거에서 더 나아가, 정신적인 동거를 이루어야 합니다. 이것이 진정한 의미의 동거입니다. 정신적인 동거는 마음이 함께하는 것을 말합니다. 좋은 일이 생기면 함께 기뻐하고, 안타까운 일을 만나 마음이 괴로울 때는 정직하게 고민을 털어놓고 이야기할 수 있는 인생의 동반자가 되는 것을 말합니다. 부부는 서로가 서로에게 이런 사람이 되어야 합니다.

넷째로, 아내를 귀하게 여기는 것입니다. 남편들은 자신의 아내를 연약한 그릇으로 알고 귀하고 조심스럽게 다루어야 합니다. 우리가 질그릇이니 유리그릇처럼 잘 깨지는 그릇을 다룰 때는 조심합니다. 그것은 잘 깨질 뿐 아니라 값도 비싼 소중한 살림살이이기 때문입니다. 남편들은 아내를 이처럼 조심히 다루어야 합니다. 그래야만 기도가 막히지 않습니다.

가정의 목회자, 가장

가장은 한 가정의 목회자입니다. 그래서 그리스도인인 남편들은 자녀에게 순종을 가르치고 주님의 교훈과 훈계로 양육하여야 합니다. 또한 아내를 연약한 존재로 여겨 보호하고 돌봄으로써 아내가 경건한 남편을 따르며 그의 입에서 흘러나오는 교훈을 달게 받을 수 있도록 하여야 합니다. 그러나 너무나 많은 가장들이 그리스도인임에도 불구하고 가족들을 목회하지는 아니하고 먹여 살릴 일에만 몰두합니다. 이 시대의 가장들은 단지 가족들을 먹여 살리기만 하면 자신의 의무는 끝난 것으로 생각합니다.

손으로 고백하는 기도

1. 사람들과의 관계에서 불화가 기도를 막기도 하지만 어떤 때는 그 사람과 불화하기 때문에 하나님 앞에 더 간절히 기도하기도 합니다. 지금 당신과 관계가 껄끄러운 사람은 없나요? 주위를 한 번 돌아보세요. 그러한 사람이 있다면 자신이 그 사람과의 관계에서 진심으로 원하는 바는 무엇인지, 그리고 하나님께서 무엇을 기뻐하실지 생각하며 기도를 적어 보세요.

2. 오늘날 대부분의 가장은 가족 구성원을 신앙적으로 돌보기에는 많은 어려움을 갖고 있습니다. 그들이 겪어야 하는 세상에서의 고충과 가족 내에서 작아지는 자리, 신앙적으로도 부족한 모습들 때문입니다. 아내로서, 자녀로서, 혹은 부모로서 어떻게 자신의 가장을 도울 수 있을지, 만약 당신이 가장이라면 어떻게 하나님께서 기뻐하시는 가정을 꾸려 갈 수 있을지 자신의 결심을 하나님께 고백해 보세요.

7장

말씀으로 기도가 깊어진다

에스라에게서 배운다

이 날에 낮 사분의 일은 그 제자리에 서서
그들의 하나님 여호와의 율법책을 낭독하고
낮 사분의 일은 죄를 자복하며
그들의 하나님 여호와께 경배하는데

느 9:3

기도의 고통을 아십니까?

기도하여야 한다는 말에 이의를 제기할 사람은 아무도 없습니다. 하나님의 뜻은 우리가 항상 기도하며 사는 것이기 때문입니다(살전 5:17). 그러나 주님의 이 명백한 뜻에 순종하며 사는 사람은 매우 적습니다. 기도에는 기쁨과 감격도 있지만 고통도 따르기 때문입니다.

기도에 있어서의 고통은 두 가지입니다. 하나는 기도가 잘될 때의 고통입니다. 기도가 잘될 때 우리는 고통스럽습니다. 하나님께서 당신의 마음을 기도하는 우리에게 부어 주시기 때문입니다. 그때 우리는 하나님의 기쁨과 사랑만이 아니라 우리가 기도하고자 하는 문제나 그 사람들을 향한 그분의 탄식과 아픔을 함께 느낍니다. 그때 우리는 고통을 경험합니다.

선지자 예레미야의 기도를 들어 보십시오. "내 마음이 상하며 내 모든 뼈가 떨리며 내가 취한 사람 같으며 포도주에 잡힌 사람 같으니 이는 여호와와 그 거룩한 말씀 때문이라"(렘 23:9). 선지자는 유다 왕국의 부패상을 지적하시는 하나님의 말씀 앞에서 고통하였습니다. 그 고통이 어찌나 심했던지 뼈가 떨리며 취한 사람같이 되었다고 합니다. 그것은 바로 하나님께서 이스라엘을 바라보며 느끼시던 고통이었습니다.

또 다른 고통은 기도가 안 될 때 경험하는 고통입니다. 기도가 안 될 때 우리는 고통스럽습니다. 하나님께 나아가고 싶어서 기도하지만 막상 기도를 시작하면 벽 앞에 선 것만 같습니다. 선명하게 느껴지는 하나님과의 거리감은 우리를 고통스럽게 합니다. 이른 새벽, 교회로 달려가 여러 시간을 엎드렸지만 하나님을 만나지 못하고 쓸쓸히 걸어 나올 때 그 마음의 비참함은 고통이 아닐 수 없습니다. 곤고한 심령으로 기도의 씨름을 하였지만 하나님의 은혜는커녕 양심의 송사로 만신창이가 된 채 굳어진 무릎을 펼 때 그 버림받은 것 같은 느낌은 고통 그 자체입니다.

우리는 본문을 통해서 기도가 안 되는 고통 가운데 있을 때 어떻게 다시 기도를 회복할 수 있을지에 대해서 살펴보려고 합니다.

기도의 사람, 에스라

에스라는 기도의 사람이었습니다. 그가 기도의 사람이라는 사실은 바벨론에서 이스라엘 백성들을 이끌고 예루살렘으로 올라오던 때 잘 드러납니다. "그때에 내가 아하와 강 가에서 금식을 선포하고 우리 하나님 앞에서 스스로 겸비하여 우리와 우리 어린아이와 모든 소유를 위하여 평탄한 길을 그에게 간구하였으니 이는 우리가 전에 왕에게 아뢰기를 우리 하나님의 손은 자기를 찾는 모든 자에게 선을 베푸시고 자기를 배반하는 모든 자에게는 권능과 진노를 내리신다 하였으므로 길에서 적군을 막고 우리를 도울 보병과 마병을 왕에게 구하기를 부끄러워하였음이라 그러므로 우리가 이를 위하여 금식하며 우리 하나님께 간구하였더니 그의 응낙하심을 입었느니라"(스 8:21-23).

그는 두려움과 불안으로 가득한 귀향길에 서 있는 이스라엘 백성들로 하여금 하나님 앞에 금식하며 기도하게 하였습니다. 이는 그 길에서 만나게 될지도 모르는 모든 어려움과 대적자들의 위험으로부터 하나님의 도우심을 구하기 위함이었습니다. 한 사람이 얼마나 깊은 기도의 세계를 지녔는지는 다른 사람으로 하여금 기도하게 하는 데 얼마나 큰 영향을 미치는지에 의해서 알 수 있습니다. 에스라는 개인적으로도 기도의 사람이었을 뿐만 아니라 다른 사람으로 하여금 기도하게 하는 사람이었습니다.

또한 에스라가 이스라엘 백성들이 범죄한 사실을 알고 성전 앞에 엎드려 기도하는 장면은 그가 평소에 얼마나 깊은 기도 속에서 살았었는지를 보여줍니다. 그는 개인적으로 순결한 사람이었을 뿐만 아니라 교회의 영적인 위기를 어떻게 헤쳐 나가야 하는지를 잘 아는 지도자였습니다.

> 에스라가 하나님의 성전 앞에 엎드려 울며 기도하여 죄를 자복할 때에 많은 백성이 크게 통곡하매 이스라엘 중에서 백성의 남녀와 어린아이의 큰 무리가 그 앞에 모인지라(스 10:1).

이스라엘은 하나님의 큰 은혜를 입어서 다시 고국으로 돌아오게 되었습니다. 정치적인 적대감을 갖고 있는 주변의 민족으로부터 보호해 주시는 하나님의 돌보심을 입었습니다. 하나님의 은혜로 무너진 성읍을 재건하고 성전을 다시 기공할 수 있었습니다. 그 일을 위해 돕는 사람들과 물자를 하나님께서 보내 주셨습니다. 그럼에도 불구하고 본토로 돌아오던 때의 감격과 신앙적인 결심을 오래 유지하지 못했습니다. 그들은 다시 우상을 섬겼고, 이방 여인에게 장가들었습니다.

> 이 일 후에 방백들이 내게 나아와 이르되 이스라엘 백성과 제사장들과 레위 사람들이 이 땅 백성들에게서 떠나지 아니하고 가나안 사람들과 헷 사람들과 브리스 사람들과 여부스 사람들과 암몬 사람들과 모압 사람들과 애굽 사람들과 아모리 사람들의 가증한 일을 행하여 그들의 딸을 맞이하여 아내와 며느리로 삼아 거룩한 자손이 그 지방 사람들과 서로 섞이게 하는데 방백들과 고관들이 이 죄에 더욱 으뜸이 되었다 하는지라(스 9:1-2).

이러한 사실을 알게 된 에스라는 속옷과 겉옷을 찢고 머리털과 수염을 뜯으며 기가 막혀 앉아 있었습니다(스 9:3). 그러자 한 무리가 에스라 앞에 나옵니다. 성경은 그들에 대해 이렇게 말합니다.

> 이에 이스라엘의 하나님의 말씀으로 말미암아 떠는 자가 사로잡혔던 이 사람들의 죄 때문에 다 내게로 모여오더라(스 9:4).

율법은 아직 낭독되지 않았습니다. 단지 이스라엘 사람들의 죄가 보고되었을 뿐입니다. 그런데도 이스라엘 안에는 하나님의 말씀으로 말미암아 떠는 사람들이 나타났다고 말합니다. 어떻게 해서 그들이 말씀으로 말미암아 떨게 되었을까요? 머릿속으로 알고는 있었으나 삶과는 아무런 관계없이 버려졌던 하나님의 말씀, 아무런 능력 없이 기억되고 있던 하나님의 말씀이 살아서 그들의 심령을 지배하였기 때문입니다. 그렇게 하나님의 말씀으로 떨게 될 때 그들은 기도할 수 있었습니다(스 10:1).

말씀의 감화가 기도를 부른다

에스라는 기도의 사람이었을 뿐만 아니라 하나님의 율법에 완전한 학자였습니다(스 7:12). 에스라가 바벨론에서 예루살렘으로 올라온 후 약 13년 정도가 지나서 느헤미야가 예루살렘으로 와서 황폐화된 성벽을 건축합니다. 성벽을 건축한 후 느헤미야는 에스라에게 이스라엘 백성들 앞에서 율법을 읽고 해석하도록 합니다. 에스라를 통해 하나님의 율법을 듣게 된 이스라엘 백성들은 굳은 마음을 지녔던 자신의 죄를 자복하며 회개하게 됩니다. "이 날에 낮 사분의 일은 그 제자리에 서서 그들의 하나님 여호와의 율법책을 낭독하고 낮 사분의 일은 죄를 자복하며 그들의 하나님 여호와께 경배하는데"(느 9:3).

하루 중 낮의 4분의 1의 시간 동안 하나님의 율법이 낭독되었습니다. 그 말씀을 들으면서 깨닫는 마음이 생기자 이스라엘 백성들은 기도하게 되었습니다. 그들은 오랫동안 기도다운 기도 없이 생활하였을 것입니다. 형식적인 종교 의식은 남아 있었고, 하나님께서 자신들에게 특별한 사명을 주어서 조국으로 돌아오게 되었다는 인식은 있었지만 하나님과의 생명적인 교제는 거의 끊어진 가운데 살아왔을 것입니다. 그러나 그들이 하나님의 율법을 깨닫게 되자 자신들의 삶이 말씀으로부터 너무 멀어져 있다는 사실을 알게 되었습니다. 그래서 깊이 회개하지 않을 수 없었습니다. 그들의 기도 제목은 '우리의 죄를 용서하옵소서!' 였습니다(느 9:2).

말씀과 기도는 우리의 영적 생활이 무너지지 않도록 떠받치는 두 기둥입니다. 우리의 영혼을 깨우는 말씀의 감화와 거기에서 비롯된 기도는 그리스도인의 삶을 움직이는 두 엔진과 같습니다. 풍부한 수원지에서 마르지 아니한 물줄기가 계곡을 두루 달려 개울을 이루듯이, 말씀의 감화로 가득한 마음은 언제나 하나님의 마음으로 기도할 준비가 되어 있는 마음입니다. 어느 누구도 이 두 가지 은혜의 방편 없이는 승리하는 삶을 살 수 없습니다.

우리는 성경을 기록한 성령께서 하나님과 교통할 수 있도록 도와주시는 기도의 영이라는 사실을 기억해야 합니다. 그러므로 기도생활에 한계를 느낀 사람들은 자신의 문제를 부실한 말씀 생활 속에서 찾아야 합니다. 열렬한 찬양으로 한계에 와 있는 영적 상황을 타개해 보려고 애쓴다든지 혹은 교인들을 거리로 내몰아 전도하게 함으로써 교회를 생기 있게 하려고 시도하는 것, 기도 운동을 일으켜서 교회의 분위기를 쇄신해 보려는 시도는 모두 문제가 있는 것입니다. 우리는 말씀의 감화를 받을 때 비로소 기도하고자 하는 열망을 느낍니다. 우리는 이러한 원리를 다니엘에게서 배웁니다.

> 내가 금식하며 베옷을 입고 재를 덮어쓰고 주 하나님께 기도하며 간구하기를 결심하고 내 하나님 여호와께 기도하며 자복하여 이르기를 크시고 두려워할 주 하나님, 주를 사랑하고 주의 계명을 지키는 자를 위하여 언약을 지키시고 그에게 인자를 베푸시는 이시여(단 9:3-4).

다니엘은 기도의 사람이었지만 다시 한 번 비장한 기도를 하겠다고 결심하였습니다. 그에게 어떤 일이 일어났기에 기도하기로 결심하였습니까? 성경은 다음과 같이 말합니다.

> 곧 그 통치 원년에 나 다니엘이 책을 통해 여호와께서 말씀으로 선지자 예레미야에게 알려 주신 그 연수를 깨달았나니 곧 예루살렘의 황폐함이 칠십 년 만에 그치리라 하신 것이니라(단 9:2).

다니엘이 베옷을 입고 재를 무릎쓴 채 금식기도하기로 결심한 것은 이스라엘 민족의 역사를 향한 하나님의 경륜을 깨달았기 때문입니다. 그리고 그 일은 예레미야의 서책을 읽다가 일어났습니다. 하나님의 말씀으로 말미암는 커다란 영적 각성이 있었기에 그는 생애적인 기도를 하기로 결심한 것입니다.

이것은 그가 말할 수 없는 감격과 떨림 속에서 말씀하시는 하나님을 만났기 때문입니다. 그는 하나님께서 약속하신 때가 곧 다가옴을, 멍에를 메고 고통하던 하나님의 백성들의 어두운 밤이 이제 곧 끝나 가고 있음을 바라보았습니다. 그때 그는 민족을 향한 불붙는 사랑으로 마음이 뜨거워졌습니다. 하나님을 향한 사랑과 신뢰는 더욱 깊어졌습니다. 이스라엘 민족을 향한 소망으로 마음이 타는 것 같았습니다. 그리고 그 마음으로 기도하였습니다.

이처럼 말씀의 감화는 우리의 기도에 끊임없는 부흥을 가져다 줍니다. 그래서 하나님의 말씀에 의하여 감화를 받는 신앙의 세계가 풍부하면 기도의 세계도 풍부해집니다. 이 말은 곧 하나님의 말씀을 통한 감화가 없다면 기도의 세계도 메말라 갈 것을 의미합니다. 그러므로 여러분이 뜨겁게 기도하고 싶다면 주님의 말씀을 깨닫게 해 달라고 기도하십시오. 그 말씀의 감화를 통하여 하나님의 마음을 알고, 하나님의 뜻대로 기도하게 해 달라고 바라십시오.

말씀을 깨달아야 올바로 기도한다

이스라엘 백성들이 하나님의 말씀을 깨달았을 때 자신들의 죄를 자복하고 회개하면서 하나님 앞에 간절히 기도하였습니다. 이 기도는 하나님께서 그들이 하기를 원하셨던 기도였습니다. 그 시대를 바라보며 고통스러워 하시는 하나님께서 바라시던 그 기도였습니다.

모든 믿음이 하나님을 기쁘시게 할 수 없듯이 모든 기도가 하나님을 기쁘시게 하는 것은 아닙니다. 하나님께서는 죄를 회개하길 원하시는데 장기자랑 대회에서 우승하게 해 달라고 기도하는 것은 코미디 같은 일입니다. 그렇기 때문에 중요한 것은 하나님의 마음을 헤아려 기도하는 것입니다. 그러면 우리가 어떻게 하나님의 마음을 헤아리는, 하나님께서 기뻐하시는 기도를 할 수 있을까요?

말씀의 감화 없이는 하나님의 마음에 합한 기도를 할 수 없습니다. 말씀의 감화는 성경 속에 담긴 하나님의 마음과 의지를 깨닫고 그것으로 자신을 살필 때 일어납니다. 그것이 바로 말씀을 깨닫는다는 것입니다. 하나님의 말씀을 통하여 은혜를 받고 나면 말씀에 비추어 자신을 바라볼 수 있게 됩니다. 하나님의 말씀의 빛은 우리의 감추어지고 부끄러운 부분을 비춥니다. 자신을 객관적으로 보게 합니다. 그러면 자기중심적이었던 기도의 제목에 하나님의 뜻을 반영하게 됩니다. 지금 자신을 바라보며 느끼실 하나님의 뜻이 무엇인지를 알게 됩니다. 그때 열렬한 기도가 가능해지고 그렇게 힘 있는 기도는 순종하는 삶을 위한 원동력이 됩니다. 그래서 삶은 더욱 하나님을 기쁘시게 하는 순종의 삶이 되고 기도는 더욱 능력 있는 기도가 됩니다.

우리가 하나님의 말씀을 깨달을 때 기도의 향로에는 불이 당겨지고 그 향연은 하나님의 보좌에 이르게 됩니다. 그러나 깨닫는 마음이 없이 하는 기도는 술 취한 자의 중얼거림과 같아서 우리의 마음에서도 열매를 맺지 못하고, 하나님의 나라에서도 잘못 배달된 광고 전단지 취급을 받습니다. 그래서 그 사람이 말씀의 사람이 아니라면 그의 기도는 거의 가치가 없거나 조금밖에 가치를 지니지 못합니다.

그래서 열렬히 기도하는 것보다 더 시급한 것은 하나님의 말씀에 은혜를 받는 것입니다. 그러면 무엇을 기도하여야 할지가 분명해집니다. 그런데 기도하는 사람이 하나님의 말씀에 관심이 없다면 그에게서 나오는 기도가 어찌 하나님의 마음에 기뻐하는 바가 될 수 있겠습니까? 그러므로 건조한 기도생활을 이어 가는 사람에게 가장 먼저 필요한 것은 의무감에서 드리는 형식적인 기도가 아니라 하나님의 말씀을 통하여 은혜를 받는 것입니다.

말씀을 깨달을 때 순종할 수 있다

하나님께서는 우리가 기도하기를 원하십니다. 그러나 우리가 말씀의 감화 없이 기도만 열심히 하려고 하기 때문에 기도가 핵심을 비껴가는 것입니다. 그렇기 때문에 아무리 열정을 품고 간절히 기도해도 하나님의 도움을 받지 못할 때가 많습니다. 우리가 진정으로 열렬한 기도의 영을 회복하고자 한다면 먼저 하나님의 말씀을 통하여 주님을 대면하도록 도와 달라고 기도해야 합니다. 그리고 하나님께서 말씀을 깨닫게 하실 때에 즉각 순종할 것과 한 번 열어 주신 기도의 문을 닫히지 않게 하겠다고 결심하여야 합니다.

우리가 말씀의 은혜를 많이 받을 때 성경을 읽으면 마치 하나님께서 나를 위해 이 성경을 쓰신 것 같습니다. 공예배의 설교는 나 한 사람을 위한 것 같고, 그간 궁금해 하던 질문들에 대한 답을 시원하게 들려주는 것 같습니다. 그때 우리는 그 말씀을 다른 사람들과 공유한다고 생각하지 않습니다. 하나님께서 나를 홀로 당신 앞에 세워 놓고 당신의 뜻을 전달해 주신다는 느낌을 받게 됩니다. 이렇게 객관적으로 존재하는 말씀이 현재적으로 경험될 때 그 말씀은 나의 것이 됩니다.

이렇게 하나님의 말씀이 나의 것이 될 때 우리의 영혼에 힘이 솟아납니다. 어렵고 힘든 상황은 하나도 변한 것이 없지만 그것들을 이길 수 있는 힘이 생겨나는 것입니다. 그래서 전에는 순종할 수 없었던 계명들에 대해서 기꺼이 순종할 수 있고, 이전의 잘못된 삶을 버리고 하나님께로 돌아올 수 있습니다. 그러면 고난을 이길 수 있는 능력은 배가 되고, 우리의 기도에는 강력한 힘이 더해집니다. 전에는 작은 돌멩이 하나에도 걸려서 못 올라가던 거룩한 삶을 향한 우리의 수레바퀴가 언덕도 오르고 골짜기도 지나게 되는 것입니다. 하나님께서는 당신의 자녀인 우리가 이런 삶을 살기를 바라십니다.

이처럼 하나님의 말씀에 의한 감화, 기도의 능력을 회복함, 하나님께 순종하는 삶, 순종하는 삶에서 비롯되는 기도의 담대함은 언제나 함께 가는 것입니다. 그래서 말씀을 통한 자기 깨어짐이 있는 사람들은 점점 더 거룩해져 갑니다. 기도에 대한 탐구가 결국 거룩한 삶에 대한 탐구로 이어지게 되는 것도 바로 이런 이유 때문입니다.

그런데 만약 우리가 하나님의 말씀에 커다란 은혜를 받으면서도 거의 기도하지 않는다면 그것은 정상적인 신앙생활이 아닙니다. 그것은 감화를 받은 대로 살기를 포기한 것입니다. 그리고 그런 식의 삶을 사는 사람들에게는 잠시 있었던 말씀의 감화도 곧 메마르게 될 것입니다. 이에 대하여 예수님께서는 이렇게 말씀하십니다. "나의 계명을 지키는 자라야 나를 사랑하는 자니 나를 사랑하는 자는 내 아버지께 사랑을 받을 것이요 나도 그를 사랑하여 그에게 나를 나타내리라"(요 14:21).

조용히 주님의 음성에 귀를 기울이라

하나님께서는 어떤 경우에도 당신의 자녀에게 복수하지 않으십니다. 그러나 사탄은 우리에게 일어나는 모든 불행한 일이 하나님의 미움 내지는 복수라고 해석하게 만듭니다. 그렇게 이간질함으로써 사탄이 기대하는 것은 하나님과 우리 사이가 완전히 멀어지는 것입니다. 하나님을 도저히 믿을 수 없는 하나님으로 낙인찍도록, 그리하여 마음이 더 굳어져서 하나님을 향해 패역한 사람이 되도록 사탄은 우리의 불안한 환경을 미끼로 우리를 조장합니다. 그러나 어떠한 인생의 시련이 닥쳐와도 두 가지 사실을 굳게 붙든다면 우리는 다시 일어설 수 있습니다.

첫째로, 하나님께서는 선하신 분이라는 것입니다. 그래서 우리에게 어떠한 경우에도 악을 행할 수 없는 분이십니다. 설령 우리의 생명을 거두어 가시는 일이 있다 하더라도 그것은 우리를 향한 사랑 때문이지 우리가 지어 왔던 죄들에 대한 복수가 아니라는 것입니다.

둘째로, 하나님께서는 언제나 당신의 말씀으로 당신의 마음을 전하셔서 우리가 하나님을 향해 인격적으로 돌이키도록 하신다는 것입니다. 말씀을 통하여 우리가 시련이라는 미로 속에서 어느 길로 나가야 하는지를 보여주십니다. 하나님께서 고치려고 하는 것은 우리의 마음이기에 당신의 말씀을 우리의 지성에 건네시고 우리로 하여금 스스로 깨달아 인격적인 반성과 함께 돌이키게 하는 것입니다. 그래서 시련의 때에 하나님의 말씀을 읽는 사람은 복 있는 사람입니다.

그러므로 환경이 우리를 삼키려고 일어설 때에 조용히 주님의 음성에 귀를 기울이십시오. 그러면 우리를 향한 하나님의 설득과 당신의 품으로 피하기를 간절히 바라시는 하나님의 사랑을 만날 수 있을 것입니다.

7장
말씀으로 기도가 깊어진다 에스라에게서 배운다

말씀의 감화가 기도를 부릅니다

　말씀과 기도는 우리의 영적 생활이 무너지지 않도록 떠받치는 두 기둥입니다. 우리의 영혼을 깨우는 말씀의 감화와 거기에서 비롯된 기도는 그리스도인의 삶을 움직이는 두 엔진과 같습니다. 풍부한 수원지에서 마르지 아니한 물줄기가 계곡을 두루 달려 개울을 이루듯이, 말씀의 감화로 가득한 마음은 언제나 하나님의 마음으로 기도할 준비가 되어 있는 마음입니다. 어느 누구도 이 두 가지 은혜의 방편 없이는 승리하는 삶을 살 수 없습니다.

　우리는 성경을 기록한 성령께서 하나님과 교통할 수 있도록 도와주시는 기도의 영이라는 사실을 기억해야 합니다. 그러므로 기도생활에 한계를 느낀 사람들은 자신의 문제를 부실한 말씀 생활 속에서 찾아야 합니다. 열렬한 찬양으로 한계에 와 있는 영적 상황을 타개해 보려고 애쓴다든지 혹은 교인들을 거리로 내몰아 전도하게 함으로써 교회를 생기 있게 하려고 시도하는 것, 기도 운동을 일으켜서 교회의 분위기를 쇄신해 보려는 시도는 모두 문제가 있는 것입니다.

말씀을 깨달아야 올바로 기도합니다

　모든 믿음이 하나님을 기쁘시게 할 수 없듯이 모든 기도가 하나님을 기쁘시게 하는 것은 아닙니다. 중요한 것은 하나님의 마음을 헤아려 기도하는 것입니다. 하나님의 말씀을 통하여 은혜를 받고 나면 말씀에 비추어 자신을 바라볼 수 있게 됩니다. 하나님의 말씀의 빛은 우리의 감추어지고 부끄러운 부분을 비춥니다. 자신을 객관적으로 보게 합니다. 그러면 자기중심적이었던 기도의 제목에 하나님의 뜻을 반영하게 됩니다. 지금 자신을 바라보며 느끼실 하나님의 뜻이 무엇인지를 알게 됩니다. 그때 열렬한 기도가 가능해지고 그렇게 힘 있는 기도는 순종하는 삶을 위한 원동력이 됩니다. 그래서 열렬히 기도하는 것보다 더 시급한 것은 하나님의 말씀에 은혜를 받는 것입니다. 그러면 무엇을 기도하여야 할지가 분명해집니다. 그러므로 건조한 기도생활을 이어 가는 사람에게 가장 먼저 필요한 것은 의무감에서 드리는 형식적인 기도가 아니라 하나님의 말씀을 통하여 은혜를 받는 것입니다.

말씀을 깨달아야 순종할 수 있습니다

우리가 바른 기도의 제목을 찾고 나면 전에는 순종할 수 없었던 계명들에 대해서 기꺼이 순종할 수 있는 힘을 공급받게 됩니다. 그래서 이전의 잘못된 삶을 버리고 하나님께로 돌아와 순종합니다. 그러면 고난을 이길 수 있는 능력은 배가 됩니다. 하나님께서는 당신의 자녀인 우리가 이런 삶을 살 수 있게 하려고 기도하게 하십니다. 이처럼 하나님의 말씀에 의한 감화, 기도의 능력을 회복함, 하나님께 순종하는 삶, 순종하는 삶에서 비롯되는 기도의 담대함은 언제나 함께 가는 것입니다. 그래서 말씀을 통한 자기 깨어짐이 있는 사람들은 점점 더 거룩해져 갑니다. 기도에 대한 탐구가 결국 거룩한 삶에 대한 탐구로 이어지게 되는 것도 바로 이런 이유 때문입니다.

손으로 고백하는 기도

1. 말씀의 감화는 우리의 기도에 끊임없는 부흥을 가져다 줍니다. 기도가 안 되어 괴로웠는데 하나님의 말씀을 깨닫게 됨으로써 기도할 수 있게 되었던 때가 있었나요? 그러한 때가 있었다면 그 당시 깨달았던 말씀이 무엇이었는지 적어 보세요.

2. 우리는 말씀을 깨달을 때 이전에는 순종할 수 없었던 계명들에 대해 순종할 수 있는 힘까지 공급받습니다. 말씀의 은혜는 하나님의 사랑의 감화이기 때문입니다. 하나님의 사랑은 곧 선한 일을 할 수 있게 하는 힘입니다. 근래에 당신에게 깨달음을 주었던 말씀이 있나요? 하나님께서 그 말씀을 통해 당신에게 요구하시는 것이 무엇이며 그 말씀 앞에서 하나님을 향한 당신의 결심은 무엇인지 고백해 보세요.

8장

믿음으로 기도가 불붙는다

무화과나무에서 배운다

그러므로 내가 너희에게 말하노니
무엇이든지 기도하고 구하는 것은 받은 줄로 믿으라
그리하면 너희에게 그대로 되리라

막 11:24

믿음, 기도의 토대

예수님께서는 길가에 있는 무화과나무를 보셨습니다. 마침 시장한 예수님께서는 혹시 그 나무에 열매가 있을까 하여 다가가셨습니다. 그러나 잎사귀만 무성하고 열매가 없는 것을 확인하고는 그 나무를 저주하셨습니다. 다음날 제자들은 그 나무가 뿌리째 말라 버린 것을 발견하였습니다. "주님이 저주하신 무화과나무가 완전히 말랐습니다." 그러자 예수님께서는 이렇게 말씀하십니다. "애들아, 뭘 그렇게 놀라느냐? 믿음은 그런 역사를 일으킬 수 있단다. 그러므로 너희들은 무엇을 구하든지 구하는 바는 이미 이룬 줄로 믿어라"(막 11:12-24).

무화과나무가 말라 버린 사건은 능력 있는 기도 이면에 역사하는 믿음을 보여줍니다. 지금 예수님께서는 무화과나무에 화풀이를 하신 게 아닙니다. 믿음이 역사할 때 어떤 일들이 일어날 수 있는지를 이 사건을 통해서 우리에게 생생하게 보여주고 계십니다.

믿음이 없이는 하나님께 무엇인가를 구하는 기도를 할 수 없습니다. 기도하면 하나님께서 응답해 주셔서 당신이 기뻐하는 바를 보이실 것이라는 단순한 믿음이 없이는 기도생활에서 어떠한 좋은 것도 얻을 수 없습니다. 그러므로 우리가 기도하면서 응답을 받지 못하는 것도, 기도에 힘이 없는 가장 큰 이유도 바로 믿음이 없기 때문입니다. 또한 기도하지 않는 것도 우리의 믿음이 없기 때문입니다. 하나님의 약속을 굳게 믿고 내가 무엇을 구하든지 하나님께서 들어주시리라고 믿는 믿음은 우리의 기도생활의 토대입니다. 이처럼 우리에게 주시는 하나님의 모든 좋은 것은 믿음을 통해서 옵니다.

여기에서 말하는 믿음은 하나님의 말씀을 신뢰하는 것을 가리킵니다. 머릿속으로 복잡하게 계산하지 않고 하나님께서 말씀하신 것이 사실이며 약속한 것들을 반드시 이루실 것이라고 믿는 것입니다. 물론 우리에게 믿음을 주시는 분은 하나님입니다. 그래서 믿음은 하나님의 선물입니다. 그러나 믿음은 한 번 받은 것으로 끝이 아닙니다. 우리 안에서 계속 성장하여야 합니다. 그러기에 우리는 은혜의 수단에 부지런히 참여하여야 합니다. 우리가 은혜의 수단들을 통해 하나님의 성품을 경험할 때 우리는 하나님을 아는 지식에서 자라가고 그것을 통해서 우리의 믿음이 자라기 때문입니다.

믿음이 있어야 순종할 수 있다

믿음이 없이는 하나님께 순종할 수 없습니다. 어떤 문제에 대한 우리의 생각과 의지가 분명하지만 하나님의 생각과 의지가 더 완전하다고 믿기 때문에 우리는 자신의 뜻을 꺾고 하나님의 말씀에 순종합니다. 그래서 믿음은 범사에 순종할 수 있는 원동력입니다.

우리에게는 어린아이와 같은 마음으로 하나님께서 약속한 것들을 이루시리라는 단순한 믿음이 필요합니다. 인간의 생각으로는 도저히 될 수 없다고 판단되지만 하나님께서 하리라고 약속하셨기에 그것을 믿는 것입니다. 이처럼 믿음은 단지 허공에 매달린 믿음이 아닙니다. 하나님의 약속의 말씀에 근거한 것입니다.

가나안 땅을 정탐하고 돌아온 이스라엘의 정탐꾼들이 그 땅의 형편에 대해서 보고할 때 그것은 거짓이 아니었습니다. "모세에게 말하여 이르되 당신이 우리를 보낸 땅에 간즉 과연 그 땅에 젖과 꿀이 흐르는데 이것은 그 땅의 과일이니이다 그러나 그 땅 거주민은 강하고 성읍은 견고하고 심히 클 뿐 아니라 거기서 아낙 자손을 보았으며 아말렉인은 남방 땅에 거주하고 헷인과 여부스인과 아모리인은 산지에 거주하고 가나안인은 해변과 요단 가에 거주하더이다"(민 13:27-29).

이 보고에는 거짓이나 과장이 없습니다. 그러나 그들은 믿음이 없었기 때문에 또 다른 해석을 보탰습니다. "이스라엘 자손 앞에서 그 정탐한 땅을 악평하여 이르되 우리가 두루 다니며 정탐한 땅은 그 거주민을 삼키는 땅이요 거기서 본 모든 백성은 신장이 장대한 자들이며 거기서 네피림 후손인 아낙 자손의 거인들을 보았나니 우리는 스스로 보기에도 메뚜기 같으니 그들이 보기에도 그와 같았을 것이니라"(민 13:32-33). 이 말은 거짓이었습니다. 악의가 빚어 낸 거짓말이라기보다는 믿음이 없기 때문에 행한 거짓말이었습니다.

하지만 믿음의 사람 여호수아와 갈렙은 이렇게 말합니다. "우리가 두루 다니며 정탐한 땅은 심히 아름다운 땅이라 여호와께서 우리를 기뻐하시면 우리를 그 땅으로 인도하여 들이시고 그 땅을 우리에게 주시리라 이는 과연 젖과 꿀이 흐르는 땅이니라 다만 여호와를 거역하지는 말라 또 그 땅 백성을 두려워하지 말라 그들은 우리의 먹이라 그들의 보호자는 그들에게서 떠났고 여호와는 우리와 함께하시느니라 그들을 두려워하지 말라"(민 14:7-9).

그들에게는 하나님께서 함께하시면 그 땅이 우리의 것이 되리라는 단순한 믿음이 있었습니다. 비록 가나안의 성은 견고하고, 그 성을 지키는 사람들은 거대하였지만 그들은 자신들과 함께하는 하나님이 더 큰 분이심을 믿었습니다.

이스라엘 사람들이 요단강을 건넌 후 제일 먼저 공략하여야 했던 성은 여리고였습니다. 큰 성 여리고를 무너뜨릴 때에도 약속을 붙든 믿음이 있었기 때문에 가능했습니다. 그때 이스라엘 사람들이 한 일은 여리고 성을 함락시킬 특공대를 조직하거나 성을 지키는 사람들을 살해할 테러단을 구성하는 것이 아니었습니다. 성을 넘기 위해서 높은 사다리를 만들거나 땅굴을 파는 일을 계획하지도 않았습니다. 얼핏 보기에 성을 정복하는 것과는 아무 상관도 없는 것처럼 보이는 하나님의 말씀에 순종하였습니다. 그들은 하나님의 명령을 따라서 성을 돌았을 뿐입니다(수 6:3-5). 눈에 보이는 것은 아무것도 없었지만 하나님께서 친히 약속하신 것들을 이루리라고 굳게 믿었습니다. 믿는 것과 현실 사이의 괴리는 무엇으로도 설명할 수 없고, 사람들을 설득할 수도 없었습니다. 그러나 그들에게는 그 큰 괴리를 이어 주는 분명한 다리가 있었습니다. 그것은 바로 약속을 주신 이가 하나님이라는 인식이었습니다. 그들은 하나님을 믿었기에 그분의 약속을 신뢰하고 말씀대로 행할 수 있었습니다.

타오르는 사모함이 있습니까?

성경은 하나님을 믿고 기도하면 받을 수 있는 놀라운 축복들을 약속으로 제시하고 있습니다. 어떤 사람들은 하나님의 말씀을 통해 그 약속을 알게 됩니다. 하나님께서 주신다는 축복에 눈을 뜨게 됩니다. 그리고 그 약속의 실현 없이 살아가는 자신의 삶이 너무 초라하다고 생각하게 됩니다. 그래서 그는 간절한 몸부림으로 그것을 얻기 위하여 기도합니다.

그런데 우리에게는 왜 하나님께서 약속하신 것들에 대한 열망이 없는 것일까요? 주님께서 주시는 수많은 약속들이 우리의 마음을 설레게 하지 못하는 이유는 무엇일까요? 하나님의 축복의 약속이 이루어지기를 구하는 갈망이 없는 이유는 무엇일까요? 믿음이 없기 때문은 아닙니까? 실직하여 매일 실의에 빠져 살아가던 사람에게 어느 날 좋은 일자리가 생겼으니 오라고 청한다면 그는 누웠던 자리에서 벌떡 일어날 것입니다. 그런데 왜 우리는 하나님의 약속의 말씀에 대해서는 그런 반응을 보이지 않는 것일까요?

우리가 집이나 자동차를 바꾸려고 할 때를 생각해 보십시오. 우리는 먼저 장래에 살고 싶은 집이나 타고 싶은 자동차를 생각합니다. 그리고 그런 집에서 살고, 그런 차를 타고 다니면 얼마나 편하고 좋을까를 상상합니다. 우리 마음에 미래에 이루어질 일들에 대한 강한 기대가 생기고 나면 갑자기 지금 살고 있는 집이 불편하게 느껴집니다. 타고 다니는 자동

차가 마음에 들지 않게 됩니다. 그리고 새것을 구입하고 싶은 마음이 더욱 간절해집니다.

하나님께서 주신 약속을 붙들고 기도하는 일에 있어서도 이와 같은 원리가 적용됩니다. 무엇엔가 떠밀리듯이 교회에 나와서 헛된 생각으로 머릿속을 채우며 예배를 드립니다. 그리고 얼마간의 헌금을 교회에 내는 것이 신앙생활의 전부인 줄 알았습니다.

그런데 어느 날 하나님의 말씀을 듣고 이런 생각이 듭니다. '아, 이런 것은 신앙생활이 아니구나! 하나님의 약속이 저 사람에게는 이루어져서 저렇게 감격하는데……. 나는 뭔가 잘못된 것 같다.' 그리고 믿음으로 기도하며 얻을 수 있다는 것들에 대한 사모함이 생겨납니다. 하나님의 말씀을 통한 영적인 변화와 은혜의 역사에 대한 사모함이 생겨납니다.

이제껏 그런 은혜를 모르고 살아온 자신의 삶에 대한 회의를 느끼게 됩니다. 그 회의는 점점 더 커져서 그런 은혜를 받지 못하고 사는 것은 사는 것이 아니라는 생각에까지 이르게 됩니다. 지금껏 살아온 방식대로 사는 것이 자신에게 고통스럽게 여겨집니다. 그래서 하나님께 더욱 매달리게 됩니다.

믿음의 사람들

이런 사실을 잘 보여준 사람이 바로 다윗입니다. 골리앗은 싸움터에서 잔뼈가 굵은 노장이었습니다. 이에 비하여 다윗은 전쟁을 경험한 적이 없는 목동이었습니다. 갑옷도 안 입고 물맷돌을 들고 걸어 나오는 다윗을 보면서 골리앗이 얼마나 비웃었겠습니까?(삼상 17:42)

다윗은 평소에 잘 준비된 실력을 따라서 물맷돌을 던졌지만 그가 진정으로 의지한 것은 자신의 물맷돌 던지는 실력이 아니라 하나님이었습니다(삼상 17:45). 그에게는 하나님께서 당신의 이름을 위해 싸우는 자를 도우시리라는 믿음이 있었습니다. 만약 다윗에게 이러한 믿음이 없었더라면 그는 하나님과 이스라엘을 모욕하는 골리앗의 욕설을 들으면서도 침묵하였을 것입니다.

성경에 기록된 믿음의 선조들을 보십시오. 그들은 기적과 같은 기도 응답 속에서 일생을 살아온 사람들이었습니다. "그들은 믿음으로 나라들을 이기기도 하며 의를 행하기도 하며 약속을 받기도 하며 사자들의 입을 막기도 하며 불의 세력을 멸하기도 하며 칼날을 피하기도 하며 연약한 가운데서 강하게 되기도 하며 전쟁에 용감하게 되어 이방 사람들의 진을 물리치기도 하며 여자들은 자기의 죽은 자들을 부활로 받아들이기도 하며 또 어떤 이들은 더 좋은 부활을 얻고자 하여 심한 고문을 받되 구차히 풀려나기를 원하지 아니하였으며 또 어떤 이들은 조롱과 채찍질뿐 아니라 결박과 옥에 갇히는 시련도 받았으며 돌로 치는 것과 톱으로 켜는 것과 시험과 칼로 죽임을 당하고 양과 염소의 가죽을 입고 유리하여 궁핍과 환난과 학대를 받았으니 (이런 사람은 세상이 감당하지 못하느니라)" (히 11:33-38).

우리가 실패에 익숙한 채 살아가는 것은 하나님의 능력이 모자라서가 아니라 믿음이 없기 때문입니다. 믿음의 사람들에게는 믿음을 통해서 얻을 수 있는 것들을 바라는 지칠 줄 모르는 갈망이 있습니다. 거룩한 삶을 향한 모험적인 인생을 위해서는 무모할 정도로 단순한 믿음이 필요한 법입니다. 하나님께서 함께하시면 이루어지리라는 단순한 믿음이 필요합니다. 그래서 우리는 하나님의 약속이 있고, 그것의 실현을 갈망하는 소원이 있다면 그 일이 반드시 이루어지리라는 믿음으로 기도해야 합니다. 하나님께서는 그런 믿음의 기도를 통해서 역사하고 또 영광을 받으십니다.

그러나 믿음이 없는 사람들은 실패를 숙명처럼 여기며 살아갑니다. 그러한 불신앙의 체념이 그들을 환경에 눌리게 하고 죄의 지배 아래 살아가게 합니다. 그것은 하나님을 슬프게 하는 일입니다. 범죄하고 뉘우치는 것보다 하나님을 더욱더 슬프게 하는 것은 바로 믿음 없는 신앙생활을 계속해 나가는 것입니다. 그런 사람의 기도는 하나님의 관심을 끌 수 없습니다.

삶을 의탁하는 믿음

예수님께서 말씀하시는 이 믿음은 단순히 이성적으로 설득되어서 '아, 그렇구나!' 하는 동의나 심리적 암시가 아닙니다. 물론 믿음 속에 동의하고 찬동하는 요소가 없는 것은 아닙니다. 그렇지만 믿음은 그 이상입니다. 성경에서 말하는 믿음은 믿음의 대상이 되는 어떤 사실에 자신의 인생을 의탁하는 것을 뜻합니다. 거기에 하나님을 향한 깊은 신뢰가 있습니다. 그래서 예수님께서는 마른 무화과나무를 의아해 하는 제자들에게 이렇게 말씀하십니다. "하나님을 믿으라"(막 11:22).

지금도 그렇지만 교회를 개척하고 초창기에는 많은 성도들이 정말 열심히 전도하였습니다. 토요일이면 멀리서 사는 지체들까지 나와 교회 주변을 구석구석 다니며 전도에 힘을 실었습니다. 그렇게 하나님의 말씀을 전하러 다닐 때 사람들로부터 구박과 냉랭한 대접을 받는 것은 예사였습니다. 욕설을 듣는 경우도 있었고, 어떤 지체는 풀어 놓은 개에게 물리기도 하였습니다. 그렇게 핍박을 받으면서 하나님의 말씀을 전할 때 "나로 말미암아 너희를 욕하고 박해하고 거짓으로 너희를 거슬러 모든 악한 말을 할 때에는 너희에게 복이 있나니 기뻐하고 즐거워하라 하늘에서 너희의 상이 큼이라"(마 5:11-12)의 말씀의 진정한 의미가 무엇인지를 알게 됩니다. 그리고 사도들이 "그 이름을 위하여 능욕받는 일에 합당한 자로 여기심을 기뻐"(행 5:41)하였다는 의미가 무엇인지 알게 됩니다.

하나님께서는 말씀을 통해서 당신의 위대한 능력뿐만 아니라 당신의 성품까지도 보여주십니다. 그런데 그런 것들을 깨닫는 가장 훌륭한 방법이 하나님의 말씀에 자신을 던져서 순종해 보는 것입니다. 즉, 그 말씀에 자신의 삶을 얹어 보는 것입니다. 자신의 삶을 그 말씀 위에 무게 있게 얹어 보기 전까지는 누구도 그 말씀의 참된 맛을 알 수 없습니다.

하나님의 말씀이 자신에게 다가올 때 그 말씀을 비틀고 꺾어서 자신의 삶에다가 맞추려고 한다면 오래 예수님을 믿어도 말씀에 의해서 자신이 바뀌지 않습니다. 살아온 날들이 하나님의 말씀을 기묘하게 비틀면서 살아온 역사이기 때문입니다. 거기에는 생명도, 은혜도 없습니다. 말씀을 자신의 삶에 맞추려고 하지 말고, 자신의 삶을 그 말씀에 맞추어야 합니다. 그렇게 하나님의 약속의 말씀에 우리의 삶을 얹어 볼 때 그동안 형식적으로 들리던 수많은 성경의 언어가 새로운 옷을 입고 자신에게 다가오는 것을 경험하게 될 것입니다.

그러므로 기도다운 기도를 하기 위해서는 먼저 하나님께 자신의 인생을 맡겨야 합니다. 이런 믿음이 있으면 혹시 구하는 바를 얻지 못하더라도 마음이 상하지 않습니다. '좋으신 주님이 왜 내가 원하는 것을 주지 않을까? 내가 무엇인가 잘못 구한 것은 아닌가?' 하면서 자신을 돌아보게 됩니다. 그 모든 것에 대해서 신뢰가 있습니다. 나는 내게 가장 좋은 것이 무엇인지 모르지만 하나님께서는 아시리라 믿고, 그분이 자신에게 가장 좋은 것을 주셨음을 믿기 때문입니다.

그런데 자신의 인생을 하나님께 맡기고 싶지 않은 사람이 어떻게 하나님을 믿을 수 있겠습니까? 이런 마음이 없는 사람이 하는 기도는 사행심에 불과합니다. "주님, 도와주십시오." 몇 번 하다가 아무 일도 일어나지 않으면 '거봐, 기도해도 안 되지. 기도는 무슨…….' 이런 생각만 드는 것입니다.

순례자의 마음으로 기도하라

마지막으로 우리가 잊지 말아야 할 것이 있습니다. 단순한 믿음으로 주님을 신뢰하며 기도하기 위해서 우리는, 이 세상을 잠시 지나는 순례자임을 기억하여야 한다는 것입니다. 본향을 찾아가는 순례자는 순례의 길에 그리 큰 애착을 갖지 않습니다. 이 세상은 잠시 지나가는 길이기 때문입니다. 그의 최종 목적지는 하늘나라입니다.

물론 우리에게는 세상적인 것들이 필요합니다. 그리고 그것을 위해서도 기도합니다. 신령한 목표를 놓고 기도하기도 하지만 육신의 필요를 위해서도 기도합니다. 우리는 이 세상에 살고 있기 때문입니다. 이 세상이 없으면 사명도 없고, 이 땅이 어둡지 않으면 우리가 빛으로 살아야 할 이유도 없습니다. 우리는 이 세상에 보냄을 받았기에 이곳을 사랑해야 합니다. 문제는 우리의 마음입니다. 우리에게는 주님께서 기뻐하시는 인생을 살 수만 있다면 다른 것은 아무래도 좋다는 순례자의 마음이 필요합니다.

우리가 세상에 대한 사랑을 정리하고 나면 기도의 제목들은 놀랍게 바뀝니다. 제가 아는 성도 한 분은 매년 수천만 달러씩 수출할 정도로 크게 사업을 하던 분이었습니다. 그런데 부도가 나서 야반도주하다시피 외국으로 가서는 밑바닥에서부터 죽도록 고생하였습니다. 어느 날 제가 물었습니다. "그렇게 잘 사시다가 모든 것을 잃고 처음부터 다시 시작하시려니 힘들지 않던가요?" 그랬더니 그분은 이렇게 대답하였습니다. "제가 비록 재산도 젊음도 친구도 모두 잃었지만 이렇게 하나님을 만나지 않았습니까?"

그렇습니다. 이것이 새사람이 되기 시작하는 징조입니다. 전에는 자기만 잘되고 행복하면 모든 것이 좋았습니다. 그러나 위기를 만나 하나님께 간절히 부르짖으며 기도하다 보니 모든 것을 다 잃어도 주님만 붙잡으면 살 수 있다는 확신이 생긴 것입니다. 주님이 주시는 것을 위하여 기도하다가 주님 자신을 찾은 것입니다. 그래서 주님 자신을 소유하는 것이야말로 우리의 영원한 기도 제목입니다.

오직 믿음으로

우리가 무엇으로 하나님을 기쁘시게 할 수 있을까요? "믿음이 없이는 하나님을 기쁘시게 하지 못하나니 하나님께 나아가는 자는 반드시 그가 계신 것과 또한 그가 자기를 찾는 자들에게 상 주시는 이심을 믿어야 할지니라"(히 11:6).

성경은 믿음이 없이는 하나님을 기쁘시게 못한다고 말합니다. 그래서 하나님께 나아가려는 사람은 그분이 계신 것과 또한 하나님께서는 당신을 찾는 사람들에게 상을 주는 분이심을 믿기를 요청합니다. 하나님께서 믿음을 기뻐하시는 이유는 그것이 하나님을 온전히 신뢰한다는 뜻이기 때문입니다. 하나님을 온전히 신뢰한다는 것은 하나님을 사랑한다는 의미이기에 하나님께서는 어떠한 행실이나 성과보다도 믿음을 더 아름답게 보십니다.

이제 잠시 후면 우리 인생의 막이 내릴 것입니다. 우리의 성공을 보고 박수를 치던 관객들도 사라질 것이고, 우리는 인생이라는 무대에서 내려와야 합니다. 그때 우리에게 남는 것은 주님밖에 없습니다. 그날 우리는 이 세상에서 기도하던 수많은 기도 제목들로 인해서 더 이상 눈물 흘리지 않아도 될 것입니다. 가슴 시릴 정도로 기쁘고 즐겁던 일들도, 서럽도록 마음 아프던 일들도 모두 지나가고 오직 우리가 기도 속에서 대면하던 주님 앞에 서게 될 것입니다. 이 땅에 사는 날 동안 기도 속에서 그분을 친밀하게 대하며 사십시오. 그래서 그날, 우리를 맞으실 주님이 낯설지 않았으면 좋겠습니다.

8장
믿음으로 기도가 불붙는다 무화과나무에서 배운다

기도의 토대는 믿음입니다

믿음이 없이는 하나님께 무엇인가를 구하는 기도를 할 수 없습니다. 기도하면 하나님께서 응답해 주셔서 당신이 기뻐하는 바를 보이실 것이라는 단순한 믿음이 없이는 기도생활에서 어떠한 좋은 것도 얻을 수 없습니다. 그러므로 우리가 기도하면서 응답을 받지 못하는 것도, 기도에 힘이 없는 가장 큰 이유도 바로 믿음이 없기 때문입니다. 또한 기도하지 않는 것도 우리의 믿음이 없기 때문입니다. 하나님의 약속을 굳게 믿고 내가 무엇을 구하든지 하나님께서 들어주시리라고 믿는 믿음은 우리의 기도생활의 토대입니다. 이처럼 우리에게 주시는 하나님의 모든 좋은 것은 믿음을 통해서 옵니다.

믿음이 있어야 순종할 수 있습니다

믿음이 없이는 하나님께 순종할 수 없습니다. 어떤 문제에 대한 우리의 생각과 의지가 분명하지만 하나님의 생각과 의지가 더 완전하다고 믿기 때문에 우리는 자신의 뜻을 꺾고 하나님의 말씀에 순종합니다. 그래서 믿음은 범사에 순종할 수 있는 원동력입니다. 그러나 이 믿음은 단지 허공에 매달린 믿음이 아닙니다. 하나님의 약속의 말씀에 근거한 것입니다.

우리가 실패에 익숙한 채 살아가는 것은 하나님의 능력이 모자라서가 아니라 믿음이 없기 때문입니다. 거룩한 삶을 향한 모험적인 인생을 위해서는 무모할 정도로 단순한 믿음이 필요합니다. 하나님께서 함께하시면 이루어지리라는 단순한 믿음이 필요합니다. 하나님의 약속이 있고, 그것의 실현을 갈망하는 소원이 있다면 그 일이 반드시 이루어지리라는 믿음으로 기도해야 합니다.

삶을 의탁하는 믿음

예수님께서 말씀하시는 이 믿음은 단순히 이성적으로 설득되어서 '아, 그렇구나!' 하는 동의나 심리적 암시가 아닙니다. 물론 믿음 속에 동의하고 찬동하는 요소가 없는 것은 아닙니다. 그렇지만 믿음은 그 이상입니다. 성경에서 말하는 믿음은 믿음의 대상이 되는 어떤 사실에 자신의 인생을 의탁하는 것을 뜻합니다. 거기에 하나님을 향한 깊은 신뢰가 있습니다. 그래서 예수님께서는 마른 무화과나무를 의아해 하는 제자들에게 이렇게 말씀하십니다. "하나님을 믿으라"(막 11:22).

이 세상의 순례자임을 기억하십시오

단순한 믿음으로 주님을 신뢰하며 기도하기 위해서 우리는, 이 세상을 잠시 지나는 순례자임을 기억하여야 한다는 것입니다. 본향을 찾아가는 순례자는 순례의 길에 그리 큰 애착을 갖지 않습니다. 이 세상은 잠시 지나가는 길이기 때문입니다. 그의 최종 목적지는 하늘나라입니다. 물론 우리에게는 세상적인 것들이 필요합니다. 그리고 그것을 위해서도 기도합니다. 신령한 목표를 놓고 기도하기도 하지만 육신의 필요를 위해서도 기도합니다. 우리는 이 세상에 살고 있기 때문입니다. 이 세상이 없으면 사명도 없고, 이 땅이 어둡지 않으면 우리가 빛으로 살아야 할 이유도 없습니다. 우리는 이 세상에 보냄을 받았기에 이곳을 사랑해야 합니다. 문제는 기도하는 우리의 정신입니다. 우리에게는 주님께서 기뻐하시는 인생을 살 수만 있다면 다른 것은 아무래도 좋다는 순례자의 마음이 필요합니다.

손으로 고백하는 기도

1. 실패를 숙명처럼 여기며 적당히 포기하며 살고 있는 삶의 영역은 없습니까? 그러한 영역이 있다면 무엇인가요? 그러한 삶의 영역에서 당신이 진정으로 바라는 것은 무엇인가요? 당신이 바라는 바를 하나님께 고백해 보세요.

2. 저자는 하나님을 믿는다는 것은 하나님께 자신의 인생을 온전히 의탁하는 것, 하나님을 사랑하는 것이라고 합니다. 당신이 생각하는 믿음의 정의는 무엇인가요? 당신에게 있어서 하나님을 믿는다는 것의 의미가 무엇인지를 적어 보세요.

9장

기도로 더 큰 능력을 얻는다

제자들에게서 배운다

집에 들어가시매 제자들이 조용히 묻자오되
우리는 어찌하여 능히 그 귀신을 쫓아내지 못하였나이까
이르시되 기도 외에 다른 것으로는
이런 종류가 나갈 수 없느니라 하시니라

막 9:28-29

기도와 능력은 함께 간다

예수님께서는 베드로와 야고보, 요한을 데리고 산에 올라가셨습니다(막 9:2). 그 사이에 귀신 들린 아이를 둔 아버지가 남아 있던 제자들을 찾아왔습니다. 그리고 제자들에게 귀신을 내쫓아 달라고 부탁하였습니다. 그러나 그들은 귀신을 내쫓는 데 실패하였습니다. 그래서 사람들이 우왕좌왕하며 어수선한 분위기가 되었을 때 예수님께서 돌아와 그 귀신을 내쫓음으로써 문제를 해결하셨다는 것이 이 이야기의 주요 골자입니다.

상황이 어느 정도 정리되고 난 후 제자들이 예수님께 물었습니다. "우리는 어찌하여 그 귀신을 쫓아내지 못했습니까?" 주님께서는 이렇게 대답하셨습니다. "기도 외에 다른 것으로는 이런 종류가 나갈 수 없느니라"(막 9:29). 이 말씀은 이런 뜻입니다. "만약 너희가 계속해서 기도했더라면 내게서 받은 그 능력을 유지했을 것이고, 그렇게 했더라면 이 귀신을 능히 내쫓을 수 있었을 것이다."

예수님께서 이 사건을 통해서 우리에게 알려 주고자 하신 것은 두 가지입니다. 영적인 능력의 근원이 기도라는 사실과 이런 능력을 힘입기 위해서는 우리의 기도가 어떠해야 하는지입니다.

이 사건은 제자들이 예수님께로부터 더러운 귀신을 쫓아내며 모든 병과 모든 약한 것을 고치는 권능을 부여받은 후에 일어난 일이었습니다(마 10:1). 그것은 명목상의 권능이 아니었습니다. 실제적으로 사용할 수 있는 영적 능력이었습니다. 그래서 그들은 귀신을 쫓아내고 병든 자들을 고쳤습니다. 그런데 본문에서는 귀신 들린 아이에게서 귀신을 쫓아내지 못해 망신을 당하고 말았습니다.

그 이유에 대하여 예수님께서는 기도 외에 다른 것으로는 이런 종류가 나갈 수 없기 때문이라고 말씀하십니다. 여기에서 '종류'라는 단어는 귀신의 세계에도 그 능력에 따라 여러 등급의 귀신이 있음을 보여줍니다. 우리가 주님을 믿는 신자라고 할지라도 영적으로 강한 사람이 있는가 하면 약한 사람도 있습니다. 마찬가지로 악령의 세계에도 강한 귀신이 있는가 하면 약한 귀신도 있다는 것입니다.

제자들은 지금 귀신을 내쫓는 능력을 모두 잃어버린 것이 아니었습니다. 이 아이를 사로잡고 있는 귀신은 매우 강력해서 그들의 능력으로는 쫓아낼 수 없었습니다. 그러나 그것은 예수님께서 그들에게 적은 능력을 주셨기 때문이 아니었습니다. 그들이 기도하는 데 게을렀기 때문이었습니다.

성령의 능력과 기도가 불가분의 관계에 있다는 것은 우리 모두 잘 아는 사실입니다. 하나님의 능력은 우리가 건강하고 활기찬 기도의 영을 유지할수록 더욱 충만해지고 기도의 영을 잃어버리면 그만큼 쇠약해집니다.

그리스도인의 삶의 본질, 영적인 싸움

그리스도인의 삶은 본질적으로 영적인 싸움입니다. 베드로 사도는 우리에게 영적 세계가 있음을 말합니다. "근신하라 깨어라 너희 대적 마귀가 우는 사자같이 두루 다니며 삼킬 자를 찾나니 너희는 믿음을 굳건하게 하여 그를 대적하라"(벧전 5:8-9).

사도 바울이 에베소서를 비롯한 여러 서신서에서 말하고자 한 바도 바로 이것입니다. "우리의 씨름은 혈과 육을 상대하는 것이 아니요 통치자들과 권세들과 이 어둠의 세상 주관자들과 하늘에 있는 악의 영들을 상대함이라"(엡 6:12).

사도 바울이 말하는 '씨름'은 투사들이 상대방을 죽이기까지 싸우는 무제한의 격투기를 말합니다. 주먹으로 때리고 발로 차면서 상대방이 죽음으로써 승부가 판가름 나는 잔인한 격투기를 뜻하는 것입니다. 사도 바울은 그러한 싸움을 잘 알고 있었던 당시 그리스도인들에게 신앙생활이 바로 그러한 싸움이라는 사실을 그림처럼 보여줍니다.

그리고 그 싸움의 본질은 영적인 세계와의 싸움입니다. '통치자들', '권세들', '어둠의 세상 주관자들', '악의 영들'은 모두 사탄의 부하들의 명칭입니다. 사탄의 왕국을 위해 지금도 충실하게 싸우고 있는 사탄의 군사들입니다. 이들이 바로 우리의 대적입니다.

그러나 오늘날의 그리스도인들은 이러한 사실을 좀처럼 받아들이려고 하지 않습니다. 이것은 우리의 신앙이 피나는 싸움과 인내를 요구하고 있다는 사실을 부담스럽게 생각하기 때문입니다. 또한 기독교의 근본적인 진리들, 즉 인간의 죄인됨이나 그리스도의 십자가, 부활과 영생의 삶, 하나님의 심판과 그리스도의 재림 등이 그리스도인들의 심령과 삶 속에서 깊이 경험되고 있지 않기 때문이기도 합니다. 하지만 성경은 명백하게 그리스도인의 삶이 영적인 전쟁이라고 말합니다. 그러면 그 영적인 싸움에서 우리는 어떻게 승리할 수 있을까요?

예수님께서 세례를 받으실 때 하늘에서 들린 음성은 이것이었습니다. "이는 내 사랑하는 아들이요 내 기뻐하는 자라"(마 3:17) 그런데 하나님께서는 사랑하고 기뻐하는 아들을 마귀에게 시험을 당하여야 하는 광야로 내보내셨습니다(마 4:1). 거기에서 예수님께서는 마귀와의 싸움에서 승리를 거두셨습니다. 마귀와의 싸움을 승리로 끝낸 후 성령의 능력으로 충만해져서 갈릴리로 돌아가셨다고 성경은 기록합니다(눅 4:14).

하나님께서 당신을 믿는 자녀를 영적으로 강하게 하는 방법은 마귀의 도전을 받게 하시는 것입니다. 그러나 마귀의 도전을 받은 모든 사람이 강해지는 것은 아닙니다. 영적으로 강한 사람은 마귀에게 시험을 받은 사람이 아니라 그와의 싸움에서 이긴 사람입니다. 그러나 인간의 힘으로는 마귀와의 싸움에서 이길 수 없습니다.

우리의 힘만으로는 안 된다

우리가 그리스도인으로서 마음에 착한 소원을 품는 일은 중요합니다. 그러나 사려 깊은 그리스도인이라면 그리스도인의 착한 삶이 마음의 결심만으로는 이루어지지 않는다는 사실을 곧 알게 됩니다. 신앙생활은 우리의 결심이나 각오만으로 이룰 수 있는 것이 아닙니다.

우리는 안팎의 적들에게 둘러싸여 있습니다. 우리 안에 있는 죄악된 성품과 이 세상이 바로 그것입니다. 그러나 보다 궁극적인 대적은 사탄입니다. 사탄을 이길 수 있는 길은 오직 성령 충만을 받는 것입니다.

그리스도인의 거룩한 삶의 근원이 성령의 능력에 있다는 사실을 사도 바울은 에베소서에서 다음과 같이 설명합니다. 그는 에베소서 앞부분에서 복음 교리의 장엄함을 다룬 후에 5장과 6장 앞부분에서는 그리스도인의 삶의 세세한 문제를 다룹니다(엡 5:22-6:9). 그러다가 서신 마지막 부분에 와서는 갑자기 어조를 바꾸면서 그리스도인의 삶이 직면하고 있는 영적 상황을 우리의 눈앞에 펼쳐 보여줍니다.

> 끝으로 너희가 주 안에서와 그 힘의 능력으로 강건하여지고 마귀의 간계를 능히 대적하기 위하여 하나님의 전신 갑주를 입으라 우리의 씨름은 혈과 육을 상대하는 것이 아니요 통치자들과 권세들과 이 어둠의 세상 주관자들과 하늘에 있는 악의 영들을 상대함이라(엡 6:10-12).

이 구도는 그리스도인의 삶이 본질적으로 영적 전쟁임을 보여줍니다. 아내가 남편을 존경하고 남편이 아내를 사랑하는 것, 부모가 자녀를 사랑하고 자녀가 부모를 공경하는 것, 근로자가 고용주에게 성실을 다하고 고용주가 근로자에게 정직한 대우를 해주는 것이 하나님의 뜻입니다. 그런데 우리가 이렇게 살지 못하도록 방해하는 영적 세력이 있다는 것을 사도가 말하는 것입니다.

부부 사이를 멀어지게 하고 부모와 자식 간에 서운한 감정이 깃들게 하는 것, 근로자와 고용주가 자신의 이익을 위하는 것 한복판에는 문제가 있는 것 같고 사건이 있는 것 같지만, 사실 그 배후에는 사람들의 마음을 움직이고 극단적이 되게 하는 사탄의 역사가 있습니다. 자기의 이익을 추구하는 데 급급한 이기심을 사탄이 조장하는 것입니다. 그래서 사도는 우리에게 '주 안에서'와 '그 힘의 능력으로' 강건하여지라고 말합니다.

우리가 새로운 삶을 살고자 할 때는 새로운 결심이 필요합니다. 뜻을 세우지 않고 어떻게 거룩한 생활을 할 수 있겠습니까? 그러나 잊지 말아야 할 것은 인간의 힘만으로는 그 결심을 이룰 수 없다는 것입니다. 눈에 보이는 문제 이면에 영적 세력이 있기 때문입니다. 그러기에 하나님께서 우리를 붙들어 주실 때에만 그 결심이 열매를 맺을 수 있습니다.

능력 있는 그리스도인의 삶의 원천

그리스도인의 능력 있는 삶의 원천은 성령입니다. 우리는 하나님께로부터 힘을 받아서 살고 있습니다. 하나님께로부터 공급되는 영적 능력이 없으면 우리의 삶에 승리는 없습니다. 오직 성령의 능력만이 삶의 변화를 일으키는 원천이 될 뿐만 아니라 사람을 결박하고 있는 사탄의 지배를 끊는 힘입니다.

토레이(R. A. Torrey) 목사의 일화가 생각납니다. 그의 시대에는 복음 전도를 위한 집회 후에 예수님을 영접하는 시간을 따로 갖곤 하였습니다. 당시에 그것은 흔한 장면이었습니다. 상담원들이 앉아 있다가 예수님을 믿고자 하는 사람이 들어오면 주님을 영접하도록 독려하고 기도해 주는 것입니다. 한 상담원이 집회에 참석한 어떤 사람에게 열심히 복음을 전했습니다. 그러나 아무리 복음을 전해도 그는 전혀 미동도 하지 않았습니다.

답답해진 상담원은 토레이 목사에게 그 사람을 데리고 갔습니다. 토레이 목사는 그 사람을 자기 앞에 앉혔습니다. 그리고 당신이 죄인인 것과 예수 그리스도께서 구원해 주시지 않으면 소망이 없는 존재라는 것, 예수님께서 당신을 위해 십자가에 못 박히셨다는 사실을 전해 주었습니다. 조금 전 상담원이 두 시간 가까이 복음을 들려줄 때는 냉담하기 짝이 없던 사람이 토레이 목사가 제시하는 복음의 내용을 들은 지 10분도 안 되어 회개하는 역사가 일어났습니다. 이 장면을 지켜본 상담원이 토레이 목사에게 왜 자신의 말은 저 사람에게 감화를 주지 못했는지 물었습니다. 그때 토레이 목사의 대답은 이것이었습니다. "성령을 의지하고 복음을 전하십시오."

우리가 보기에는 교회의 변화가 매우 어려워 보이지만 어떻게 보면 아주 쉽게 변하는 것이 교회입니다. 성령의 역사만 있다면 말입니다. 성령의 능력은 교회를 놀랍게 변화시킵니다. 성령이 역사하시면 영적 어두움에 갇혀서 복음이 들어갈 가능성이 전혀 없던 사람들의 마음에 놀라운 변화가 일어납니다. 하나님의 말씀이 역사하기 시작하고 영혼들이 변화됩니다. 죽은 자와 방불한 영혼들이 구원받는 역사가 일어납니다. 이것은 사람의 재주나 기술이 하는 일이 아닙니다. 하나님의 영이 권세 있게 역사할 때에 이루어지는 일입니다.

오직 성령의 능력으로 충만한 삶만이 하나님께서 우리에게 기대하시는 선한 삶을 살아가게 합니다. 우리의 좌절된 마음을 일으켜 새로운 희망을 갖게 하고, 어둠 속에 있는 사람들에게 진리의 빛과 능력을 전해 주어 그들을 어둠으로부터 이끌어 냅니다. 지혜가 부족한 자에게 지혜를, 사랑이 부족한 자에게 사랑을, 참을 수 없는 환경에서 참을 수 있는 힘을 줍니다(갈 5:22-23). 그것이 우리의 삶을 풍요롭게 만드는 궁극적인 힘입니다. 우리가 하나님과 올바른 관계를 맺고 하늘로부터 부어지는 생명의 능력 속에서 살아가야 할 이유가 바로 여기에 있습니다.

성령의 능력을 사모하라

성령의 놀라운 능력을 주는 분은 하나님이십니다. 하나님께서는 부흥을 주기도, 거두어 가기도 하십니다. 또한 놀라운 은사를 주기도, 다시 가져가기도 하십니다. 그래서 어떤 사람들은 영적 숙명론에 빠지기도 합니다. 하나님께서 주셔야 받는 것 아니냐는 것입니다. 그러나 우리가 잊지 말아야 할 것이 있습니다. 그것은 우리가 얼마나 그 능력을 사모하는가, 얼마나 간절히 구하는가입니다(눅 11:9-13).

하나님께서 성령에 대해 말씀하시는 것은 그것을 주지는 않고 "이런 것이 있단다."라고 보여주기만 하려는 것이 아닙니다. 무엇이 있다고 말씀하는 것은 그것을 주시겠다는 약속입니다. 그러나 소중한 것을 얻기 위해 몸부림치는 사람들은 너무나 소수입니다. 그래서 극소수의 사람들만이 하나님께로부터 오는 영적인 능력을 공급받습니다.

그리스도인의 삶을 빛나게 해줄 뿐 아니라 삶 자체를 승리로 이끌어 가게 하는 성령의 능력은 아무에게나 주어지지 않습니다. 만약 하나님께서 그런 귀한 능력을 아무에게나 주신다면 교회는 엄청난 혼란에 빠질 것입니다. 마음이 순결하지 않은 사람에게 병 고치는 능력을, 물질에 대한 탐욕으로 가득 찬 사람에게 예언의 은사를 주신다면 그것을 돈벌이나 자신의 권력을 유지하는 데 이용할 것이기 때문입니다.

그러면 하나님께서는 어떤 사람들에게 이런 축복을 주실까요?

성령의 능력은 그 약속을 믿고 간절히 구하는 사람들에게 허락됩니다.

하나님의 은혜와 능력 안에서 살지 않으면 자신의 삶은 아무런 의미가 없다고 생각하는 사람들, 간구하는 자에게 성령을 주시겠다는 약속을 붙들고 간절히 하나님께 매달리는 사람들, 그 능력을 받은 것이 감사하여 두렵고 떨리는 마음으로 그 소중한 선물을 지키며 살아가는 사람들에게 부어 주십니다.

사는 모습으로 기도를 안다

그리스도인의 삶의 원천이 성령의 능력에 있다는 사실을 모르는 그리스도인은 없습니다. 또한 성령 충만하기를 싫어하는 그리스도인도 없습니다. 하지만 소수의 사람들만이 그것을 얻기 위하여 간절한 마음으로 하나님께 매달립니다. 그러면 왜 다수의 사람들은 성령의 능력을 얻기 위해서 기도하지 않는 걸까요? 그것은 그들이 그렇게 할 수 없기 때문입니다.

"기도 외에 다른 것으로는 이런 종류가 나갈 수 없느니라"는 말씀을 들을 때 같은 사건을 기술하고 있는 마태복음의 말씀이 생각납니다. "이때에 제자들이 조용히 예수께 나아와 이르되 우리는 어찌하여 쫓아내지 못하였나이까 이르시되 너희 믿음이 작은 까닭이니라 진실로 너희에게 이르노니 만일 너희에게 믿음이 겨자씨 한 알 만큼만 있어도 이 산을 명하여 여기서 저기로 옮겨지라 하면 옮겨질 것이요 또 너희가 못할 것이 없으리라"(마 17:19-20). 그런데 이 말씀 다음 절에 어떤 사본에는 이런 말씀이 보태어져 있습니다. "기도와 금식이 아니면 이런 유가 나가지 아니하느니라."

마태복음은 기도와 함께 금식에 대해 언급합니다. 금식은 단지 인간의 욕망을 억제하는 수도적인 행위가 아닙니다. 금식기도의 가치는 집중에 있습니다. 금식기도는 기도하는 그 사람으로 하여금 자신의 기도 제목에 집중하도록 만드는 힘이 있습니다. 예수님께서는 제자들에게 모든 병든 것과 약한 것을 고치는 능력을 주셨지만 또한 제자들이 하나님께 집중하는 열렬한 기도를 유지하기를 바라셨습니다.

하나님께서는 성령의 능력을 구하는 우리에게도 집중하는 기도를 요구하십니다. 그런데 여기에서 우리가 명심해야 할 것이 있습니다. 그것은 집중하는 기도는 기도자의 삶과 깊은 관계가 있다는 것입니다. 기도자의 삶이 어떠하냐에 따라서 우리는 집중하는 기도를 할 수도 있고 못할 수도 있습니다. 만약 우리의 삶의 초점이 기도의 초점이 일치한다면 우리의 기도는 간절해지고 열렬해지며 집중력이 있을 것입니다. 그리고 그러한 기도에는 하나님의 능력 부으심이 있습니다. 그러나 삶의 초점과 기도의 초점이 다르다면 우리의 기도는 집중력을 잃고 말 것입니다.

예수님의 생애를 생각해 보십시오. 주님의 생애는 주기도문의 생애였습니다. 그분의 삶은 그 기도 속에 실려 있고, 그 기도는 그분의 삶을 농축한 것이었습니다. 그분은 사는 것처럼 기도했고, 기도하는 것처럼 사셨습니다. 기도 따로 삶 따로가 아니었습니다. 그러기에 그분의 기도는 항상 번뜩이는 칼날과 같았고 힘이 있었습니다. 그런 기도 속에서 하나님께서 공급하시는 능력을 받아 제자들이 내쫓지 못한 귀신을 내쫓으셨던 것입니다.

만약 여러분이 여러 시간 무릎을 꿇고 기도하여도 기도가 하나님께 집중되지 않는다면, 이것은 삶의 초점과 기도의 초점이 다르기 때문입니다. 삶 따로 기도 따로가 된 것입니다. 기도할 때 하나님과는 상관없는 잡다한 생각들이 마음을 차지하고 있지는 않습니까? 눈을 감으면 텔레비전 드라마의 장면이 스쳐 지나가거나 낮에 있었던 일들이 마음속에 선명하게 떠오르지 않습니까? 때로는 육체적인 욕망이 불러일으킨 불경건한 상상들이 꼬리에 꼬리를 물고 떠오르지 않습니까? 삶의 초점이 기도 시간에 그대로 떠오른 것입니다. 사는 것은 자기 마음대로 살고 기도할 때만 거룩하게 하려고 하니 집중하는 기도가 불가능한 것입니다.

하나님께서 가치 있고 소중한 것일수록 당신께 집중하는 마음으로 매달리는 기도를 통해 주시는 것은, 우리의 기도생활을 통하여 하나님과의 인격적인 관계를 새롭게 하기 위해서입니다. 하나님을 향하여 집중된 마음의 기도는 우리를 정결하게 하고, 열렬한 기도는 우리의 삶을 열정적이게 만듭니다. 온 마음으로 집중된 기도를 하는 사람은 삶 또한 하나님을 향해서 집중하게 됩니다. 그래서 간절한 간구로 소중한 것들을 얻은 경험을 풍부하게 소유한 사람들의 마음은 더욱 하나님께 붙잡히게 됩니다. 전심으로 하나님만을 바라보는 집중하는 기도생활을 통해서 하나님께 대한 절대 의존적인 신앙이 더욱 깊어지는 것입니다.

이처럼 악한 권세를 부수고 거룩한 삶을 살아가게 하는 성령의 능력은 영혼의 시선을 하나님께 고정하고 집중하는 기도로 열렬히 매달리는 그리스도인들에게 주어집니다. 그리고 이미 받은 성령의 능력 또한 이렇게 열렬히 매달리는 집중된 기도생활 속에서 유지됩니다.

성령의 능력이 필요한 삶

여러분은 성령의 능력을 사모하고 있습니까? 혹시 성령의 능력이 없어도 넉넉히 살아갈 수 있지는 않습니까? 이것은 우리의 삶의 목표와 가치가 하나님께서 여러분을 향해 기대하시는 것과 동일하지 않기 때문입니다. 자신이 살고 싶은 대로 살기 위해서는 성령의 능력이 필요하지 않습니다. 육신을 즐겁게 하고 세상과 야합하며 세상의 가치관을 따라 살아가는 데에는 성령의 능력이 필요하지 않습니다. 하지만 하나님을 기쁘시게 하고 이 세상에서 거룩한 삶을 살아가는 데는 주님의 능력이 절실하게 필요합니다. 자신의 인생을 이 땅에서 가치 있게 만드는 데에는 성령의 능력이 필요합니다.

오늘날은 유다의 멸망을 앞두고 예언하던 눈물의 선지자 예레미야의 음성을 생각나게 하는 때입니다. "너희는 예루살렘 거리로 빨리 다니며 그 넓은 거리에서 찾아보고 알라 너희가 만일 정의를 행하며 진리를 구하는 자를 한 사람이라도 찾으면 내가 이 성읍을 용서하리라"(렘 5:1).

하나님께서는 사면을 두루 살피며 주님만을 위하여 살고자 하는 사람들을 찾으십니다. 주님만을 위해 살고자 하는데 그럴 힘이 없어 안타까워하며 매달리는 사람들을 찾아와 능력을 주십니다. 하나님을 위해 살고 싶어하는 사람들이 이 세상을 살아갈 때 성령의 능력이 필요한데 하나님께서 그들에게 성령을 주시지 않겠습니까?

그러나 지금은 냉담한 신앙생활을 하고 있는 시대입니다. 성령의 능력으로 승리하는 삶보다는 이 세상에서의 부와 성공을 추구하고자 하는 때입니다. 하나님의 이름을 높여 드리는 삶보다는 자신의 이름을 빛내고자 하는 사람들로 가득합니다. 이 세상에서 소금으로 살기보다는 설탕으로 살기를 바라는, 하나님께는 버림받아도 세상에게는 버림받기를 싫어하는 사람들이 가끔 중얼거리듯 드리는 "능력 주시옵소서."라는 기도에 하나님께서 응답하지 않으시는 것은 너무나 당연하지 않습니까?

9장
기도로 더 큰 능력을 경험한다 제자들에게서 배운다

기도와 능력은 함께 갑니다

성령의 능력과 기도가 불가분의 관계에 있다는 것은 우리 모두가 잘 아는 사실입니다. 하나님의 능력은 우리가 건강하고 활기찬 기도의 영을 유지할수록 더욱 충만해지고 기도의 영을 잃어버리면 그만큼 쇠약해집니다.

그리스도인의 삶의 본질은 영적인 싸움입니다

우리는 안팎의 적들에게 둘러싸여 있습니다. 우리 안에 있는 죄악된 성품과 이 세상이 바로 그것입니다. 그러나 보다 궁극적인 대적은 사탄입니다. 사탄을 이길 수 있는 길은 오직 성령 충만을 받는 것입니다.

능력 있는 그리스도인의 삶의 원천은 성령입니다

그리스도인의 능력 있는 삶의 원천은 성령입니다. 우리는 하나님께로부터 힘을 받아서 살고 있습니다. 하나님께로부터 공급되는 영적 능력이 없으면 우리의 삶에 승리는 없습니다.

오직 성령의 능력만이 삶의 변화를 일으키는 원천이 될 뿐만 아니라 사람을 결박하고 있는 사탄의 지배를 끊는 힘입니다. 오직 성령의 능력으로 충만한 삶만이 하나님께서 우리에게 기대하시는 선한 삶을 살아가게 합니다. 우리의 좌절된 마음을 일으켜 새로운 희망을 갖게 하고, 어둠 속에 있는 사람들에게 진리의 빛과 능력을 전해 주어 그들을 어둠으로부터 이끌어 냅니다. 지혜가 부족한 자에게 지혜를, 사랑이 부족한 자에게 사랑을, 참을 수 없는 환경에서 참을 수 있는 힘을 줍니다. 그것이 우리의 삶을 풍요롭게 만드는 궁극적인 힘입니다. 우리가 하나님과 올바른 관계를 맺고 하늘로부터 부어지는 생명의 능력 속에서 살아가야 할 이유가 바로 여기에 있습니다.

사는 모습으로 기도를 합니다

하나님께서는 성령의 능력을 구하는 우리에게도 집중하는 기도를 요구하십니다. 그런데 여기에서 우리가 명심해야 할 것이 있습니다. 그것은 집중하는 기도는 기도자의 삶과 깊은 관계가 있다는 것입니다. 기도자의 삶이 어떠하냐에 따라서 우리는 집중하는 기도를 할 수도 있고 못할 수도 있습니다. 만약 우리의 삶의 초점이 기도의 초점과 일치한다면 우리의 기도는 간절해지고 열렬해지며 집중력이 있을 것입니다. 그리고 그러한 기도에는 하나님의 능력 부으심이 있습니다. 그러나 삶의 초점과 기도의 초점이 다르다면 우리의 기도는 집중력을 잃고 말 것입니다.

손으로 고백하는 기도

1. 우리의 소명은 그리스도를 닮는 거룩한 삶입니다. 내 힘으로는 도저히 이길 수 없는, 그래서 성령의 능력이 절대적으로 필요하다고 날마다 절감하고 있는 삶의 영역(내면의 문제, 관계의 문제, 환경의 문제 등)이 있나요? 있다면 그것을 적어 보고, 하나님께 도움을 구해 보세요.

2. 능력 있는 그리스도인의 삶의 원천은 성령입니다. 어떠한 문제를 앞두고 두려워하는 마음이 있었는데 간절히 기도한 후에 평안을 되찾은 경험이 있었다면 적어 보세요. 혹은 지금 당신에게 두려운 문제가 있나요? 지금 나의 마음을 두렵게 하는 문제가 있다면 그것도 적어 보세요. 그리고 하나님의 도움을 간절히 구하는 마음을 글로 표현해 보세요.

10장

하나님의 은혜로 산다

삼손에게서 배운다

삼손이 심히 목이 말라 여호와께 부르짖어 이르되
주께서 종의 손을 통하여 이 큰 구원을 베푸셨사오나
내가 이제 목말라 죽어서 할례 받지 못한 자들의 손에 떨어지겠나이다 하니
하나님이 레히에서 한 우묵한 곳을 터뜨리시니 거기서 물이 솟아나오는지라
삼손이 그것을 마시고 정신이 회복되어 소생하니
그러므로 그 샘 이름을 엔학고레라 불렀으며 그 샘이 오늘까지 레히에 있더라

삿 15:18-19

강함 가까이 있는 약함

구약 역사에서 블레셋만큼 독특한 민족은 없습니다. 팔레스타인 땅에서 유구한 역사를 지니며 살아온 블레셋 족속은 이웃 나라를 약탈해서 먹고사는 사람들이었습니다. 그들은 이스라엘을 자주 침공하였습니다. 특별히 삼손이 살았던 시기에는 블레셋의 힘이 강성하여 이스라엘은 그들의 관할 아래 있었습니다. 그러한 때에 하나님께서는 삼손을 보내셨고, 그를 통해서 이스라엘을 구원하기를 기뻐하셨습니다.

본문은 그러한 상황 속에서 블레셋의 보복을 두려워한 이스라엘 백성들이 삼손을 결박하여 블레셋에게 넘겨준 사건을 배경으로 하고 있습니다. 번번이 삼손에게 당했던 블레셋 사람들은 삼손을 눈엣가시와 같이 여기게 되었습니다. 그래서 그들은 이스라엘 사람들을 협박하여 삼손을 내놓게 하였습니다. 그리하여 삼손은 이스라엘을 위하여 스스로 결박당하였습니다(삿 15:9-13). 그러나 여호와의 영이 그에게 임하자 결박한 밧줄은 불탄 삼과 같이 떨어졌고, 삼손은 나귀의 턱뼈를 집어 들고 휘둘렀습니다(삿 15:14-15).

삼손이 나귀 턱뼈로 블레셋 사람 일천 명을 죽인 사건이 바로 이 싸움이었습니다. 그는 엄청나 힘을 가진 용사이 동시에 무술의 달인이었습니다. 성경은 블레셋 군인 일천 명이 삼손이 내려친 나귀 턱뼈에 맞아 죽었다고 기록합니다(삿 15:15). 한 번의 휘두름으로 한 사람씩을 죽였다고 하더라도 삼손은 일천 번 이상 뼈를 휘둘렀을 것입니다. 삼손은 수많은 블레셋 군인들의 틈바구니에서 마치 춤을 추듯 싸웠을 것입니다. 그가 무장하지 않은 상태에서 무장한 군인들과 싸워 이길 수 있었던 것은 하나님께서 그와 함께하셨기 때문입니다. 그리고 본문은 이 싸움 후에 일어난 일을 기록하고 있습니다.

삼손이 대단한 힘을 지녔지만 그도 사람이었기에 일천 명을 죽이고 나서는 기력이 다하게 되었습니다. 그는 자신을 추스를 수 없을 정도로 기진맥진하게 되었습니다. 게다가 블레셋의 군사들이 언제 다시 힘을 모아서 공격할지 모르는 상황이었습니다.

이때 무엇보다 고통스러운 것은 타는 것 같은 목마름이었습니다. 그 목마름으로 인해 삼손은 매우 약한 사람이 되었습니다. "삼손이 심히 목이 말라 여호와께 부르짖어 이르되……내가 이제 목말라 죽어서 할례 받지 못한 자들의 손에 떨어지겠나이다"(삿 15:18).

우리는 여기서 한 가지 이상한 점을 발견합니다. '삼손은 일천 명을 죽일 정도로 강한 힘을 지닌 사람인데 어떻게 이렇게 순식간에 나약해질 수 있을까?', '하나님의 사역을 잘 감당하고도 우리는 약해질 수 있는가?' 삼손의 이러한 모습은 우리의 신앙생활에서 용사와 같은 강함과 갈대와 같은 약함이 매우 가까이 있음을 보여줍니다.

신앙의 세계에서 강함은 인간에게서 나오는 것이 아닙니다. 하나님께서 그를 붙들고 계실 때만 그는 강합니다. 하나님께서 함께하시지 않으면 그저 나약한 인간일 따름입니다. 우리가 주님의 손에 붙들려 살기를 소망하는 이유도 바로 이 때문입니다. 그래서 우리는 늘 하나님의 은혜 안에 거해야 합니다.

삼손도 그러했습니다. 그가 하나님의 손에 붙잡히자 그를 얽어맨 밧줄들은 불에 탄 삼줄과 같이 끊어졌습니다. 그리하여 일천 명을 때려죽이는 위대한 역사를 이루었습니다. 그가 가지고 있던 육신의 힘이 블레셋과의 싸움을 승리로 이끈 것이 아니라 그에게 임한 여호와의 영의 능력이 이기게 하였던 것입니다. 그러나 일을 모두 마친 후에는 패잔병 중 몇 명이라도 올라와서 그를 공격하면 죽을 것 같은 한계를 느꼈습니다. 하나님께서 함께하시지 않으면 그도 아무것도 아닌 사람이 되는 것입니다.

하나님의 능력으로 산다

기독교의 역사는 하나님의 능력이 함께한 사람들의 역사입니다. 그들이 거룩한 성령의 능력에 붙잡혀 살았기에 인간으로서는 살 수 없을 것 같은 삶을 살았고, 인간의 능력으로는 성취할 수 없을 것 같은 복음의 승리를 거두었습니다. 하나님께서는 당신의 능력으로 풀 위의 이슬처럼 잠시 있다 사라질 수밖에 없는 인생을 불멸하는 믿음의 증인으로 만드셨습니다.

우리는 가끔 '어떻게 그런 환경 속에서도 기쁨을 유지하며 살 수 있을까?', '어떻게 그런 불같은 연단을 감당하며 살 수 있을까?', '어떻게 그런 대적들에게 둘러싸여 있으면서도 평안을 유지할 수 있을까?' 라는 생각이 들게 하는 사람들의 이야기를 듣습니다.

인간의 힘으로는 그러한 환경을 견딜 수 없습니다. 우리의 힘으로 도저히 극복할 수 없는 상황을 무엇으로 이길 수 있겠습니까? 우리의 능력으로 벗어날 수 없는 고통스러운 상황의 덫에서 자유를 얻게 하는 힘이 어디에서 나오겠습니까? 아무리 생각해도 해결의 길이 없는 것 같은 상황을 어떻게 벗어날 수 있겠습니까? 우리의 기도를 들으시는 하나님의 능력을 힘입는 것 외에 무엇으로 이런 일들을 이룰 수 있겠습니까?

신앙생활을 하면서 깨닫는 것이 한 가지 있습니다. 그것은 기도만이 우리로 하여금 위기의 때를 승리로 지나게 한다는 것입니다. 위기의 때는 기도하여야 할 때입니다. 견딜 수 없는 고통과 아픔은 주님을 바라보게 하는 기회입니다. 하나님께서는 기도하는 사람들을 위하여 크고 놀라운 은혜의 비밀을 그 위기 속에 숨겨 두고 계십니다. 전심으로 기도하며 당신을 부르는 자들을 위해서 말입니다.

부르짖는 자의 샘

삼손은 사자와 같이 용맹스러웠지만 어느 한순간에 주저앉아 낙담하였습니다. 그러나 이어지는 삼손의 행동은 우리에게 영적 회복을 위한 중요한 교훈을 줍니다. "삼손이 심히 목이 말라 여호와께 부르짖어 이르되" (삿 15:18).

　삼손이 죽을 것 같은 상황에서 우선적으로 한 일은 하나님께 부르짖는 것이었습니다. 그는 죽을 것 같은 목마름 속에서 하나님을 생각했고, 그분께 자신의 목마름을 호소하였습니다. 그것은 흐느끼는 기도나 중얼거리는 탄식이 아니었습니다. 히브리어 성경은 그것이 큰소리로 부르짖는 기도였다고 말합니다. 그러자 하나님께서는 한 우묵한 곳을 터뜨리셨고, 거기에서 시원한 물이 솟아나오게 하셨습니다(삿 15:19).

　삼손에게 이 경험은 자기를 죽음에서 건져 준 사건이었습니다. 그래서 그는 그 샘의 이름을 엔학고레라고 지었습니다(삿 15:19). 히브리어로 엔학고레는 우리말로는 '그 부르짖는 자의 샘'이라는 뜻입니다.

　삼손은 이 샘의 이름을 '목마른 자의 샘'이라고 하지 않았습니다. '주저앉은 자의 샘'이라고 하지도 않았습니다. '그 부르짖는 자의 샘'이라고 하였습니다. 누구에게나 터뜨려 주시는 이 좋은 은혜의 샘은 단지 고통당하는 자의 것이 아니라는 것입니다. 화려한 신앙의 경력이 있는 사람들의 것도 아닙니다.

　우리의 메마른 삶을 종식시킬 이 엔학고레의 샘은 오직, '현재 부르짖고 있는 자의 샘'입니다. 그것은 단지 바라고 희망하는 사람의 샘이 아니라 지금 하나님을 향하여 열렬히 부르짖어 기도하는 사람의 샘이라는 것입니다.

　우리의 신앙생활의 최대 관심은 과거의 승리나 불확실한 미래에 대한 객기 어린 장담이 아닙니다. 과거에 아무리 커다란 신앙의 체험을 하였다고 하더라도 그것으로 현재를 살아갈 수는 없습니다. 매일매일 하나님께로부터 부어지는 은혜와 사랑에 의해서 우리의 마음이 장악되어야 합니다. 어제가 아니라 오늘, 잠시 후가 아니라 바로 지금, 하나님께서 우리 영혼을 만져 주시는 거룩한 사랑의 손길이 필요합니다.

기도로 환경을 이긴다

우리는 곤고할 때마다 환경을 탓합니다. 누구 때문에, 그 일 때문에 자신이 힘들게 되었다고 생각합니다. 그러나 생각해 보십시오. 환경이 어려울 때 영혼이 곤고해지는 것이 우리의 운명이라면 하나님께서는 어디에 계십니까? 우리가 견디기 힘든 시련 가운데 있기 때문에 좌절한다면, 우리의 삶에서 하나님의 약속은 무엇이며 기도의 가치는 무엇입니까?

우리가 인생을 살면서 마주하게 되는 역경은 언제나 신앙으로 극복하고 이겨야 할 대상입니다. 그리고 우리에게는 그런 상황을 이길 수 있는 축복이 약속되어 있습니다. 문제는 환경에 있지 않습니다. 기도하지 않는 우리에게 있습니다. 물질의 궁핍이나 고통스러운 인간관계, 지난날의 범죄로 말미암아 생겨난 마음의 쓴 뿌리가 우리를 건조하게 하는 것이 아니라 지금 우리가 기도하지 않기 때문에 메마른 삶을 살아가는 것입니다.

그리스도인이 하나님의 충만한 은혜와 능력 안에서 살아갈 때에는 그들의 삶이 늘 촉촉이 젖어 있습니다. 그들의 기도 속에는 언제나 눈물이 있고 섬김 속에는 땀이 배어 있습니다. 그리고 그들은 주님을 위하여 피를 흘릴 각오까지 합니다. 거룩하고 풍부한 정서 속에서 하나님께 드려야 마땅한 경배와 찬양을 올립니다. 그러나 메마른 신앙생활에는 기쁨도, 거룩한 교제도 없습니다. 그러다가 결국에는 이렇게 고통스러워 하는 삼손과 같이 되어 버리는 것입니다.

하나님이 느껴지지 않는 우리의 기도생활, 말씀하시는 주님의 음성이

들리지 않는 예배생활을 생각해 보십시오. 거룩한 은혜를 부어 주시는 수단들은 차가운 형식으로 변하고 있지 않습니까? 그렇게 살아가는 우리를 바라보시는 하나님의 마음은 마치 가뭄으로 말라 죽어가는 곡식을 바라보는 농부의 마음과 같을 것입니다.

물론 우리가 기도할 수 없는 이유는 너무도 많습니다. 그렇지만 우리는 어찌하든지 기도하여야 합니다. 우리가 힘써 기도하면 우리의 마음은 하나님의 은혜로 젖어 있는 상태를 유지할 수 있지만, 무슨 이유에서든지 기도하기를 포기한다면 우리의 마음은 메마름을 면할 수 없습니다.

하나님께서 생명의 샘을 터트려서 성령의 은혜를 부어 주실 때 우리는 은혜를 받지 않을 때는 할 수 없었던 수많은 일들을 할 수 있게 됩니다. 이전에는 몰랐던 기쁨 속에서 살 수 있게 됩니다. 하나님께서 우리에게 거룩한 은혜를 부어 주시면 우리는 이 세상을 이기며 살 수 있게 되는 것입니다.

은혜의 샘을 터트리시는 하나님

하나님께서는 한 우묵한 곳을 터뜨려서 거기서 물이 솟아나오게 하셨습니다. 삼손이 목말라 죽겠다고 할 때 포도주 한 병을 주어도 어느 정도 목마름은 해결되었을 것입니다. 양이나 젖소의 젖을 주실 수도 있었습니다. 그런데 하나님께서는 물을 주셨습니다. 이는 하나님께서 삼손의 문제를 근본적으로 해결해 주셨음을 의미합니다. 삼손에게는 산해진미나 영양제가 필요한 것이 아니었습니다. 오직 물이 필요했습니다.

우리가 인생을 살다가 어떤 문제에 봉착했을 때 버둥거려 애를 써도 어느 정도는 문제를 해결할 수 있습니다. 그러나 그것은 미봉책에 불과합니다. 잠시 문제가 해결되는 것처럼 보일 뿐입니다. 언젠가는 그 문제가 또다시 고개를 듭니다. 오직 하나님만이 우리의 문제를 근본적으로 해결해 주십니다.

그러나 하나님께서 주시는 대안이 우리 인생의 문제를 근본적으로 해결할 것이라는 믿음을 가진 사람들은 너무나 적습니다. 레히에서 물이 나오지 않을 것이라 생각하고 자신이 두 번째, 세 번째 우물을 팝니다. 이에 대해 예레미야 선지자는 이렇게 말합니다.

> 내 백성이 두 가지 악을 행하였나니 곧 그들이 생수의 근원되는 나를 버린 것과 스스로 웅덩이를 판 것인데 그것은 그 물을 가두지 못할 터진 웅덩이들이니라(렘 2:13).

예레미야 선지자는 이스라엘 백성의 두 가지 죄를 상기시킵니다. 그러나 본질적으로는 두 가지가 아니라 하나님을 버린 것, 한 가지 죄였습니다. 하나님의 백성이 하나님의 백성답게 살기 위해서는 생수의 근원이신 하나님께로부터 임하는 은혜가 필요합니다. 그런데 이스라엘 백성이 하나님을 버림으로써 그것을 공급받을 수 없게 되었습니다. 그때 그들은 자신의 삶을 이어 가게 하는 또 다른 원천을 찾기 시작했습니다. 그래서 어떤 사람은 물질을, 어떤 사람은 자신의 재능을 의지하며 살아갔는데, 이것을 예레미야 선지자는 이스라엘 백성이 스스로 웅덩이를 팠다고 말합니다.

그러나 하나님만이 우리의 생수의 근원이십니다. 하나님께서는 우리의 삶의 근원이 되고 싶어하십니다. 우리의 존재의 목적과 그렇게 존재할 수 있도록 만들어 주는 모든 원동력을 하나님께로부터 공급받아 누리기를 바라십니다. 그래서 하나님 때문에 살고, 하나님 때문에 용서하고, 하나님 때문에 기뻐하고, 하나님 때문에 아파하는 삶을 살기를 바라십니다. 이러한 삶을 사는 사람들은 성경에서 이름과 같이 그 배에서 생수의 강이 흘러나옵니다(요 7:38). 그래서 그의 삶을 생기 있게 합니다.

시련 속에서도 주시는 은혜

어차피 이 세상은 우리의 뜻대로 흘러가지 않습니다. 때로는 예상치 못한 일이 생기기도 하고 때로는 원치 않는 일을 맞이하여 고통을 당하기도 합니다. 그것은 우리가 악하기 때문이기도 하지만 세상이 악하기 때문에, 다른 사람들의 잘못 때문이기도 합니다. 불완전한 이 세상에서 우리는 시련과 고통, 아픔을 겪습니다. 이것들을 이길 수 있는 힘이 어디에서 나오는지 생각해 보십시오. 하나님의 품에서 우리의 비통한 사연을 고하면서 펑펑 울 때, 그때 하나님께서 주시는 위로와 용기로 살 수 있지 않겠습니까? 그것을 바라보는 것이 우리의 신앙입니다.

그러므로 우리는 문제를 만날 때 하나님 앞으로 나와야 합니다. 우리에게 일어나는 대부분의 문제는 하나님께서 우리를 당신 앞에 세우기 위한 수단입니다. 인생에서 만나는 크고 작은 어려움들은 하나님께서 일상적으로 우리에게 말씀하여도 우리가 듣지 못할 정도로 영혼이 무디어졌을 때 당신 앞으로 나오도록 부르시는 또 다른 종류의 하나님의 음성일 경우가 많습니다.

하지만 어떤 사람들은 문제를 만날 때 하나님을 더 멀리 떠납니다. 미련한 사람은 문제를 만날 때 마음을 더 강퍅하게 하고, 지혜로운 사람만이 작은 문제를 통해서도 하나님을 크게 만납니다. 그래서 우리에게 일어나는 문제는 항상 우리가 누구인지를 분별해 내는 시금석과 같습니다.

문제는 다양해도 해결책은 오직 하나입니다. 여러분이 처하고 있는 인생의 문제나 영혼의 고갈이 어떤 이유로 시작되었는지는 알 수 없지만 알 수 있는 것이 하나 있습니다. 그것은 하나님을 만나면 해결된다는 것입니다. 그것이 실패이든지 깊은 절망이든지 아니면 영혼의 고갈이든지, 심지어는 뭐가 뭔지도 모르는 혼돈 속에서도 하나님을 만나는 것이 그 문제의 해결이라고 하는 것은 분명한 사실입니다.

삼손이 터져 나오는 물로 자신의 목마름을 해결받은 것처럼 여러분도 하나님과의 만남을 통해 인생의 문제를 궁극적으로 해결해야 하지 않겠습니까? 그 좋은 샘이 지금도 당신의 기도를 기다리고 있습니다.

10장
하나님의 은혜로 산다 삼손에게서 배운다

강함은 하나님에게서 나옵니다

신앙의 세계에서 강함은 인간에게서 나오는 것이 아닙니다. 하나님께서 그를 붙들고 계실 때만 그는 강합니다. 하나님께서 함께하시지 않으면 그저 나약한 인간일 따름입니다. 우리가 주님의 손에 붙들려 살기를 소망하는 이유도 바로 이 때문입니다.

하나님의 능력으로 삽니다

기독교의 역사는 하나님의 능력이 함께한 사람들의 역사입니다. 그들이 거룩한 성령의 능력에 붙잡혀 살았기에 인간으로서는 살 수 없을 것 같은 삶을 살았고, 인간의 능력으로는 성취할 수 없을 것 같은 복음의 승리를 거두었습니다. 우리의 힘으로 도저히 극복할 수 없는 상황을 무엇으로 이길 수 있겠습니까? 우리의 능력으로 벗어날 수 없는 고통스러운 상황의 덫에서 자유를 얻게 하는 힘이 어디에서 나오겠습니까? 우리의 기도를 들으시는 하나님의 능력을 힘입는 것 외에 무엇으로 이런 일들을 이룰 수 있겠습니까?

엔학고레, 현재 부르짖고 있는 자의 샘

삼손은 이 샘의 이름을 '그 부르짖는 자의 샘'이라고 하였습니다. 누구에게나 터트려 주시는 이 좋은 은혜의 샘은 단지 고통당하는 자의 것이 아닙니다. 오직, '현재 부르짖고 있는 자'의 샘입니다. 지금 하나님을 향하여 열렬히 부르짖어 기도하는 사람의 샘이라는 것입니다. 신앙생활을 하면서 깨닫는 것이 한 가지 있습니다. 그것은 기도만이 우리로 하여금 위기의 때를 승리로 지나게 한다는 것입니다. 위기의 때는 기도하여야 할 때입니다. 견딜 수 없는 고통과 아픔은 주님을 바라보게 하는 기회입니다. 하나님께서는 기도하는 사람들을 위하여 크고 놀라운 은혜의 비밀을 그 위기 속에 숨겨 두고 계십니다.

궁극적인 문제를 해결해 주시는 하나님

하나님께서는 우묵한 곳을 터뜨려서 물이 솟아나오게 하셨습니다. 삼손이 목말라 죽겠다고 할 때 포도주 한 병을 주어도 어느 정도 목마름은 해결되었을 것입니다. 양이나 젖소의 젖을 주실 수도 있었습니다. 그런데 하나님께서는 물을 주셨습니다. 이는 하나님께서 삼손의 문제를 근본적으로 해결해 주셨음을 의미합니다. 우리가 인생을 살다가 어떤 문제에 봉착했을 때 버둥거려 애를 써도 어느 정도는 문제를 해결할 수 있습니다. 그러나 그것은 미봉책에 불과합니다. 언젠가는 그 문제가 또다시 고개를 듭니다. 오직 하나님만이 우리의 문제를 근본적으로 해결해 주십니다.

문제를 만날 때 하나님 앞에 섭니다

우리에게 일어나는 대부분의 문제는 하나님께서 우리를 당신 앞에 세우기 위한 수단입니다. 인생에서 만나는 크고 작은 어려움들은 하나님께서 일상적으로 우리에게 말씀하여도 우리가 듣지 못할 정도로 영혼이 무디어졌을 때 당신 앞으로 나오도록 부르시는 또 다른 종류의 하나님의 음성일 경우가 많습니다. 그러므로 우리는 문제를 만날 때 하나님 앞으로 나와야 합니다.

손으로 고백하는 기도

1. 당신의 주변에 '어떻게 저런 환경 속에서도 기쁨을 유지하며 살 수 있을까?', '어떻게 저런 불같은 연단 가운데서도 신앙을 포기하지 않을 수 있을까?'라는 생각이 들게 하는 사람들이 있습니까? 그러한 사람들이 있다면 그들의 이야기를 적어 보세요. 그리고 그들에게서 받는 도전도 함께 적어 보세요.

2. 하나님께서는 우리의 인생의 문제를 근본적으로 해결해 주십니다. 지금 당신이 겪고 있는 문제도 하나님께 간절히 도움을 구하면 근본적으로 해결해 주실 것입니다. 근본적으로 해결되어야 할 당신의 문제를 하나님께 고백해 보세요.

11장

삶의 개혁으로 기도가 강해진다

야곱의 집에서 배운다

네가 부를 때에는 나 여호와가 응답하겠고
네가 부르짖을 때에는 내가 여기 있다 하리라
사 58:9

언제나 기도할 수 있도록 기도해 주십시오

언젠가 기도 제목을 묻는 제게 어떤 그리스도인이 이렇게 말했습니다. "저의 기도 제목은 오직 하나입니다. 언제나 기도할 수 있도록 기도해 주십시오." 그 사람은 그리스도인의 삶의 비밀 중 가장 중요한 진리를 터득한 사람입니다. 그는 자신이 최선의 상황에 있다 하더라도 하나님과의 열린 기도의 세계 속에서 살지 않으면 곧 최악의 상황으로 떨어질 것임을 아는 사람입니다. 또한 지금 최악의 상황에 있다 하더라도 하나님의 음성을 들을 수 있는 기도의 세계가 있다면 아무 염려가 없다는 것을 잘 알고 있는 사람입니다.

좋은 환경이 흔들리지 않도록 우리를 붙들어 주는 것이 아닙니다. 기도할 수 있는 하나님과의 관계가 우리를 붙들어 줍니다. 하나님과의 교제가 있는 기도 속에서 사는 사람들은 하나님께서 자신의 인생을 인도하신다는 사실을 잘 압니다. 자신의 인생이 앞으로 어떻게 전개될지는 모르지만 하나님께 기도하며, 응답해 주시는 대로 한걸음 한걸음 순종하며 사노라면 결국은 하나님의 섭리가 드러나고 자신의 인생이 하나님 앞에서 최선의 것으로 드러날 것임을 아는 사람입니다.

본문은 우리가 기도할 때에 하나님께서 "내가 여기 있다."라고 말씀해 주신다고 합니다. 이것은 우리가 받을 수 있는 축복 중 가장 커다란 것입니다. 자녀가 명문대에 입학하는 것이나 사업의 번영, 가족의 건강과도 비교할 수 없습니다. 무슨 일이 생겨서 "주여!" 하고 부르면 하나님께서 "내가 여기 있다. 무엇이든지 말하라. 내가 시행하리라!"고 응답해 주시는데 무슨 어려움이 있을 수 있겠습니까? 그런데 하나님께서는 이런 축복을 주기 전에 우리에게 먼저 요구하시는 것이 있습니다. 그것은 우리의 삶이 하나님의 마음에 합하도록 돌아서야 한다는 것입니다.

삶의 변혁이 응답을 부른다

이사야 58장은 당시 이스라엘 백성들의 금식에 대해 말하고 있습니다. 그런데 하나님께서는 이스라엘 백성들이 금식하는 것이 아무 쓸모없다고 말씀하십니다. 겉모습은 종교적인 금식의 모양을 지녔지만 내면의 세계에는 아무런 변화가 없었기 때문입니다.

이것이 어찌 내가 기뻐하는 금식이 되겠으며 이것이 어찌 사람이 자기의 마음을 괴롭게 하는 날이 되겠느냐 그의 머리를 갈대같이 숙이고 굵은 베와 재를 펴는 것을 어찌 금식이라 하겠으며 여호와께 열납될 날이라 하겠느냐(사 58:5).

하나님 앞에 드려지는 기도는 기도하는 사람 자신과 깊은 관계가 있습니다. 여러분이 가장 받기 싫어하는 선물은 무엇입니까? 사실 가장 받기 싫은 선물은 자신이 가장 싫어하는 사람이 선물하는 그 모든 것입니다. 그렇다면 하나님께서 기뻐하시는 기도는 무엇일까요? 그것은 하나님께서 기뻐하시는 사람, 하나님의 마음에 합한 사람이 드리는 기도입니다. 물론 기도의 내용도 상관이 있겠으나 하나님의 마음에 합한 사람은 대체로 하나님께서 기뻐하시는 기도를 합니다.

그러므로 우리가 기도할 때마다 "내가 여기 있다."라는 하나님의 응답을 받으려면 먼저 우리가 하나님의 마음에 기뻐하시는 사람이 되어야 합니다. 이러한 노력은 크게 두 가지 방향으로 이루어집니다. 하나는 하나님의 계명을 지키는 순종하는 삶이며 다른 하나는 하나님을 기쁘시게 하려는 동기로 살아가는 삶입니다. 이에 대해 성경은 이렇게 말합니다. "무엇이든지 구하는 바를 그에게서 받나니 이는 우리가 그의 계명을 지키고 그 앞에서 기뻐하시는 것을 행함이라"(요일 3:22).

우리는 기도의 내용으로 하나님을 기쁘게 하기 전에 먼저 우리의 삶으로 그분을 기쁘시게 해야 합니다. 한 사람의 기도에 위대한 힘이 있다면 그것은 그의 기도를 들으시는 하나님께서 그의 삶을 먼저 인정하셨기 때문입니다.

안일함에서 돌이키라

우리가 삶은 움직이지 않으면서 단지 기도만 잘하고 싶어하는 것은 영적 생활에 대한 무지 때문이기도 하지만 또 다른 한편으로는 그러한 기도생활을 유지하기 위한 비용을 지불하고 싶지 않기 때문입니다. 하지만 그러한 안일한 삶을 버리지 않고는 건강한 기도생활을 회복할 수 없습니다.

이스라엘 백성들은 우상 숭배의 죄악에 빠짐으로써 하나님께로부터 자주 책망을 받았습니다. 이 책을 읽는 여러분 중에 그런 죄에 빠진 사람은 거의 없을 것입니다. 그러나 육체의 안일에 빠져 있는 그리스도인들은 너무나 많습니다. 그들은 결코 겸비할 수 없고 하나님 앞에 사무치는 마음으로 기도할 수 없습니다. 그래서 사도 바울은 이렇게 말합니다. "참 과부로서 외로운 자는 하나님께 소망을 두어 주야로 항상 간구와 기도를 하거니와 향락을 좋아하는 자는 살았으나 죽었느니라"(딤전 5:5-6).

사도 바울은 디모데전서에서 향락을 좋아하는 것과 하나님께 소망을 두어 주야로 항상 간구하는 것이 공존할 수 없다는 사실을 말합니다. 여기서 말하는 '향락'이란 술을 마시고 육체적인 쾌락을 위해 사는 부도덕한 타락만을 의미하는 것이 아닙니다. 오히려 이것은 하나님 없이 편하게 살아가려는 마음, 즉 거룩한 긴장이 없이 살아가는 삶의 태도를 의미합니다.

자기를 쳐서 복종시키는 자기 부인의 신앙이 없는 삶, 자기를 이기고자 하는 거룩한 결의가 없는 삶, 기도하지 않으면서 살아가는 게으른 삶은 모두 향락에 빠진 삶입니다. 거기에는 거룩한 생활도 없고 경건한 영성도 없습니다. 우리가 깊은 기도의 세계로 들어가려면 먼저 거기에서 돌이켜야 합니다.

이사야 선지자가 말하는 것도 이것입니다. 즉, 삶이 변혁되어야 하나님께 가까이 갈 수 있고 그래야 기도가 응답된다는 것입니다. "내가 기뻐하는 금식은 흉악의 결박을 풀어 주며 멍에의 줄을 끌러 주며 압제당하는 자를 자유하게 하며 모든 멍에를 꺾는 것이 아니겠느냐 또 주린 자에게 네 양식을 나누어 주며 유리하는 빈민을 집에 들이며 헐벗은 자를 보면 입히며 또 네 골육을 피하여 스스로 숨지 아니하는 것이 아니겠느냐"(사 58:6-7).

하나님께서는 당신의 백성들에게 이것을 말씀하십니다. "너희는 금식하려고 애쓰지 말고 절기를 지키려고 애쓰지 마라. 내게 무슨 제물을 바치겠다고 힘쓰지 마라. 그것보다도 더 시급한 것이 있는데 그것은 너희의 삶을 바꾸는 것이다. 그러면 내가 너희를 기뻐할 것이고, 너희가 환란 가운데 있어서 부르짖을 때에 그 기도에 응답해 주리라."

그러므로 우리가 하나님께 기도할 때 주님의 "내가 여기 있다."라는 응답을 듣기 위해서는 먼저 삶을 변혁하여야 합니다. 부단히 우리의 삶을 바꾸고 우리의 신앙의 자세를 개혁하는 모습이 되어야 합니다. 이렇게 철저하게 자신의 삶의 현장에서 씨름하지 않으면 깊은 기도를 회복할 수 없습니다. 그렇습니다. 삶에 대한 진지한 성찰 없이는 기도가 깊어질 수 없습니다. 깊은 기도를 방해하는 가장 커다란 장애물이 죄이기 때문입니다.

앉아서 상상만 하십니까?

몸무게가 120kg에 육박하던 어떤 여성이 있었습니다. 하루는 지하철을 타고 집으로 가는데 한 남성이 그 여성을 보고 "밥맛 없다."라고 비아냥거렸습니다. 큰 충격을 받은 그녀는 2년 동안 식사량을 조절하고 열심히 운동하면서 몸무게를 56kg으로까지 줄였습니다.

비만으로 고생하는 사람들은 다이어트에 성공한 사람들을 존경에 찬 시선으로 바라봅니다. 그러나 그렇게 바라보고 감탄만 할 때에는 그들의 체중에 아무런 변화도 일어나지 않습니다. 신앙에 있어서도 마찬가지입니다. 신앙에 대해 많은 생각을 하고 기도의 거장이 되는 상상만 하는 것으로는 충분하지 않습니다. 거룩한 삶이나 견고한 기도생활은 그렇게 간단하게 얻어지는 것이 아닙니다. 자신의 존재 전체를 드리는 추구를 통해서 얻어지는 법입니다.

하나님 앞에서 충성스럽게 산 사람을 흠모하면 그렇지 않은 사람보다 조금 더 나을 것이라고 생각합니까? 전도하라면 전도에 관한 책을 읽고, 기도하라면 기도에 관한 설교를 듣고 감동을 받는 것에서 그칩니다. 가난한 자를 구제하라면 프란체스코(Francesco d'Assisi)의 생애를 읽고 감동하는 것에 만족합니다. 이것은 신앙 유희이지 신앙생활이 아닙니다.

우리가 기도에 관한 설교를 많이 듣고 책을 많이 읽으면 무엇하겠습니까? 그것들을 통해서 기도에 대한 생각이 아무리 잘 정리되었다고 하더라도 우리가 실제로 기도하지 않는다면 그 많은 지식은 아무 소용이 없습니다. 우리는 실제로 기도하여야 합니다.

먼저 기도하기 싫어하는 게으름부터 몰아내야 합니다. 새벽기도 안 나오던 사람은 새벽에 일어나서 교회로 가야 합니다. 여러 가지 바쁜 일과 분주함으로 기도할 틈을 얻지 못했던 사람들은 기도생활을 자신의 삶에서 최우선으로 생각하고 기도의 시간을 확보하여야 합니다. 삶의 현장에서 철저하게 씨름하지 않는다면 우리는 기도의 영성을 회복할 수가 없습니다.

돌이키기 힘듭니까?

만약 우리의 기도가 삶으로 뻗어 나가지 않는다면 우리는 결국 다음의 둘 중 하나에 봉착할 것입니다. 하나는 신비주의에 빠지는 것이고, 다른 하나는 기도생활이 고갈되는 것입니다. 신비주의적인 신앙의 결정적인 약점은 신비한 체험과 삶 사이에 연결이 없다는 것입니다. 삶과 기도가 유리된 상태에서 열렬히 기도하면서 "내가 여기 있다."라는 주님의 음성을 듣기를 기대하는 것은 하나님과의 인격적인 만남을 구하는 것이 아니라 슈퍼맨의 도움을 구하는 심리입니다. 이것은 하나님과의 인격적인 관계가 무엇인지를 아는 거룩한 백성의 태도가 아닙니다.

그러기에 한 사람이 기도에서 경험한 놀라운 체험이 정상적인 것인지를 알아보기 위한 가장 좋은 방법은 그런 체험이 있고 나서 그 사람이 변화되었는가를 보면 됩니다. 예전에는 인생 최대의 가치가 자신의 행복이었던 사람이 기도 가운데 하나님을 만난 후에는 주님처럼 거룩해지고자 소원하는 마음을 가져야 합니다. 예전에는 자신이 세상에서 잘되고 높아지는 것이 중요한 가치였던 사람은 기도 가운데 만난 하나님으로 인하여 하나님의 이름이 이 땅에서 높아지기를 소원하는 마음이 생겨야 합니다. 이것이 진정으로 변화된 것입니다.

그러나 우리는 하나님 앞으로 돌이키기가 매우 어렵습니다. 우리의 마음을 부요하게 만들어서 하나님만을 붙들며 살지 못하게 하는 많은 자랑거리가 있기 때문입니다. 하나님 앞으로 돌이킨다는 것은 바로 이렇게 자신이 잘못되이 사랑하며 의지하던 것들과 결별하는 것을 의미합니다.

익숙해진 것들과의 결별처럼 우리를 외롭게 하는 것은 없습니다. 더욱이 그것이 타락한 성품이나 오랫동안 익숙해졌던 죄악일 경우에는 더더욱 그렇습니다. 만약 오랫동안 걸어왔던 악한 길을 떠나 바른 길로 돌아온다면 그때 우리의 마음은 갑자기 텅 빈 것 같은 상태가 된 것을 느낄 것입니다. 무엇 때문입니까? 죄를 버렸는데 왜 우리의 마음은 허전해지고 외로움을 느끼는 것일까요? 그것은 죄가 가지고 있는 또 하나의 속성인 '평안' 때문입니다. 우리가 악한 길에서 떠날 때에는 편안함이 사라집니다. 많은 사람들이 마음의 소원은 있으면서도 악한 길에서 쉽게 돌이키지 못하는 것은 바로 이 때문입니다. 그러나 우리가 거기서 돌이키지 아니하면 하나님의 얼굴을 구할 수 없습니다. "내 이름으로 일컫는 내 백성이 그들의 악한 길에서 떠나 스스로 낮추고 기도하여 내 얼굴을 찾으면 내가 하늘에서 듣고 그들의 죄를 사하고 그들의 땅을 고칠지라"(대하 7·14).

하나님께서는 당신을 향해 돌이켜 선 자의 부르짖는 기도를 기뻐하십니다. 악한 길에서 떠난 자의 애끓는 기도는 이전에 죄 가운데서 누렸던 평안보다 더 큰 사랑을 누리게 하고, 하나님의 뜻을 구하는 기도는 세상에 붙은 욕심을 버리게 합니다. 그러면 악한 길에서 오랫동안 잔뼈가 굵어 온 사람도 하나님께서는 고치십니다. 기도할 때마다 철벽이 하나님과 자신 사이를 가로막는 것 같은 차가운 거절감을 느껴야 했던 사람들의 기도도 회복시키십니다.

그러면 어떤 사람들은 이렇게 물을 것입니다. "우리가 상하고 통회하는 심령을 스스로 가질 수 있습니까?", "하나님께서 우리를 변화시키지 아니하시면 우리가 어떻게 겸비한 마음이 될 수 있습니까?", "죄인에게 스스로 죄의 길에서 돌이킬 능력이 있겠습니까?"

이러한 질문은 어느 정도는 타당하지만 상당 부분은 말장난입니다. 물론 우리는 부패하고 더러운 인간일 뿐입니다. 우리에게는 선한 것이 아무것도 없고 스스로 하나님 앞에 의롭게 내세울 만한 좋은 것이 없습니다.

악한 길에서 돌이킬 수 있도록 하나님께서 역사하지 아니하시면 우리의 어떠한 몸부림으로도 그토록 친숙했던 죄의 길에서 돌이킬 수 없습니다.

그러나 하나님께서는 돌이키고자 하려는 자를 돌아오게 하고, 회개하고자 하려는 자를 회개시키십니다. 또한 성결하게 살기를 갈망하는 사람들에게 그런 삶을 살 수 있는 능력을 공급해 주고, 순종하고자 하려는 자에게 성령의 은혜를 부어 주십니다. 그래서 하나님께서는 우리에게 단순하게 명령하십니다. "너희는 돌아오라.", "마음을 찢고 내게로 돌이키라." 하나님께서는 "내가 너희를 돌이키리니 너희가 어쩔 수 없이 돌이키게 되리라."고 수동태로 말씀하지 않으신다는 것입니다. 그러므로 우리는 자신의 의지로 죄의 길에서 돌이키려고 노력하여야 합니다.

하나님과의 친교를 꿈꾸며

기도의 최고의 가치는 죄인이 거룩하신 하나님을 대면하는 것입니다. 우리는 기도를 통해서 거룩하신 하나님과 친교를 나눕니다. 그 친교를 통해서 세상에 붙은 욕심을 버리고, 욕망에 사로잡혀 어두워진 우리의 마음을 쓸어내립니다. 그렇게 함으로써 주님께서 세우신 가치와 존재의 질서 속으로 다시 돌아갑니다.

하나님께서는 우리가 언제나 당신과의 친교 속에서 살기를 원하십니다. 그래서 슬프고 괴로운 일이 있을 때에나 기쁘고 즐거운 일이 있을 때에나 도움이 필요할 때에나 언제나 우리와 교제를 나누고 싶어하십니다. 그런데 우리의 현실은 그 친교로부터 떠나 있을 때가 얼마나 많은지 모릅니다. 그것은 우리의 인생에 문제가 너무 많기 때문이 아닙니다. 우리의 마음의 틀이 하나님과 교제를 나누기에 적합하지 않은 상태가 되었기 때문입니다. 우리의 마음의 불결함과 죄 때문에 하나님과의 교제에 소외감을 느끼는 것입니다.

하나님의 명령과 뜻을 버리고 자신의 생각대로 살아가는 사람들에게 하나님께서 교제의 친밀함을 허락하시겠습니까? 많은 은혜를 받아도 그것으로 하나님의 말씀에 순종하지 않고 자신이 원하는 대로 살아가는 사람들에게 하나님께서 지속적인 은혜를 베풀어 주시겠습니까? 불순종함으로써 많은 죄를 짓고 사는 사람들에게 하나님께서 하늘 생명을 허락하시겠습니까? 자신의 육적인 충동을 따라서 살아가는 사람들에게 하나님께서 당신의 생각을 알려 주시겠습니까?

하나님께서는 당신과의 친교를 수중하게 생각하기에 오랫동안 이수했던 악한 것들과 기꺼이 결별하려는 사람들 가까이 계십니다. 하나님 한 분 외에는 우리가 의지할 분이 없다고 생각하고 하나님께서 싫어하는 삶의 방식을 기꺼이 버리려는 사람들을 귀하게 보십니다. 그 사람들이 기도할 때 하나님께서는 당신과의 친교를 회복하게 하십니다. 그들을 다시 거룩한 백성으로 만들고 그 땅을 고치십니다. 그래서 하나님의 거룩과 영광을 보이고 자비와 사랑을 나타내어 하나님의 백성으로 하여금 말할 수 없는 행복을 누리게 하십니다. 이것이 하나님께서 당신의 자녀에게 주시는 놀라운 특권입니다.

11장
삶의 개혁으로 기도가 강해진다 야곱의 집에서 배운다

가장 커다란 축복

본문은 우리가 기도할 때에 하나님께서 "내가 여기 있다."라고 말씀해 주신다고 합니다. 이것은 우리가 받을 수 있는 축복 중 가장 커다란 것입니다. 자녀가 명문대에 입학하는 것이나 사업의 번영, 가족의 건강과도 비교할 수 없습니다. 무슨 일이 생겨서 "주여!" 하고 부르면 하나님께서 "내가 여기 있다. 무엇이든지 말하라. 내가 시행하리라!"고 응답해 주시는데 무슨 어려움이 있을 수 있겠습니까? 그런데 하나님께서는 이런 축복을 주기 전에 우리에게 먼저 요구하시는 것이 있습니다. 그것은 우리의 삶이 하나님의 마음에 합하도록 돌아서야 한다는 것입니다.

삶의 변혁이 응답을 부릅니다

하나님께서 기뻐하시는 기도는 하나님께서 기뻐하시는 사람, 하나님의 마음에 합한 사람이 드리는 기도입니다. 물론 기도의 내용도 상관이 있겠으나 하나님의 마음에 합한 사람은 대체로 하나님께서 기뻐하시는 기도를 합니다. 그러므로 우리가 기도할 때마다 "내가 여기 있다."라는 하나님의 응답을 받으려면 먼저 우리가 하나님의 마음에 기뻐하시는 사람이 되어야 합니다. 이러한 노력은 크게 두 가지 방향으로 이루어집니다. 하나는 하나님의 계명을 지키는 순종하는 삶이며 다른 하나는 하나님을 기쁘시게 하려는 동기로 살아가는 삶입니다. 이사야 선지자가 말하는 것도 이것입니다. 즉, 삶이 변혁되어야 하나님께 가까이 갈 수 있고 그래야 기도가 응답된다는 것입니다.

삶으로 나아가는 기도

우리가 삶은 움직이지 않으면서 단지 기도만 잘하고 싶어하는 것은 영적 생활에 대한 무지 때문이기도 하지만 또 다른 한편으로는 그러한 기도생활을 유지하기 위한 비용을 지불하고 싶지 않기 때문입니다. 하지만 그러한 안일한 삶을 버리지 않고는 건강한 기도생활을 회복할 수 없습니다.

그러므로 우리가 하나님께 기도할 때 주님의 "내가 여기 있다."라는 응답을 듣기 위해서는 먼저 삶을 변혁하여야 합니다. 부단히 우리의 삶을 바꾸고 우리의 신앙의 자세를 개혁하는 모습이 되어야 합니다. 이렇게 철저하게 자신의 삶의 현장에서 씨름하지 않으면 깊은 기도를 회복할 수 없습니다. 그렇습니다. 삶에 대한 진지한 성찰 없이는 기도가 깊어질 수 없습니다. 깊은 기도를 방해하는 가장 커다란 장애물이 죄이기 때문입니다.

악한 길에서 돌이키십시오

하나님께서는 당신을 향해 돌이켜 선 자의 부르짖는 기도를 기뻐하십니다. 악한 길에서 떠난 자의 애끓는 기도는 이전에 죄 가운데서 누렸던 평안보다 더 큰 사랑을 누리게 하고, 하나님의 뜻을 구하는 기도는 세상에 붙은 욕심을 버리게 합니다. 그러면 악한 길에서 오랫동안 잔뼈가 굵어 온 사람도 하나님께서는 고치십니다. 기도할 때마다 철벽이 하나님과 자신 사이를 가로막는 것 같은 차가운 거절감을 느껴야 했던 사람들의 기도도 회복시키십니다.

손으로 고백하는 기도

1. 우리가 기도할 때에 받을 수 있는 가장 큰 축복은 하나님께서 "내가 여기 있다."라고 말씀해 주시는 것입니다. 자녀가 명문대에 입학하는 것이나 사업의 번영, 가족의 건강과도 비교할 수 없습니다. 지금 하나님께서 "내가 여기 있다. 무엇이든지 말하라. 내가 시행하리라!"고 말씀해 주신다면 당신은 무엇을 구하겠습니까? 당신이 구하는 바를 글로 적어 보세요.

2. 하나님 앞에 드려지는 기도는 기도하는 사람 자신과 깊은 관련이 있습니다. 하나님께서는 당신이 기뻐하는 사람들의 기도를 기뻐하시기 때문입니다. 하나님께서 당신에게 바라는 모습 중에 아직 고치지 못한 부분이 있나요? 자신의 삶 중에서, 자신의 성품 중에서 돌이켜야 하는 부분은 무엇일지 생각하며 적어 보세요.

12장

종말 신앙으로 기도가 간절해진다

시대에서 배운다

만물의 마지막이 가까이 왔으니
그러므로 너희는 정신을 차리고 근신하여 기도하라
벧전 4:7

때를 알라

많은 여객을 태우고 가던 배가 바다 한가운데서 풍랑을 만나 침몰하게 되었습니다. 그래서 어두운 밤에 구명보트를 내리고 사람들이 옮겨 타기 시작하였습니다. 그러나 구명보트에 승선할 수 있는 인원은 조난을 당한 사람들의 수에 비하여 턱없이 적었기 때문에 서로 배에 올라타려고 소동이 일어났습니다.

그중 어느 한 보트에 바다를 잘 아는 한 사람이 탔습니다. 그는 작은 구명보트에 정원을 훨씬 초과한 열댓 명의 사람들을 태우고 구조대가 올 때까지 거친 바람과 요동치는 파도와 싸우며 살아남아야 했습니다. 그 구명보트는 그야말로 정원 초과로 뒤집히기 일보 직전이었습니다. 그런데 그곳에 다른 사람들의 안전은 고려하지 않고 소란을 일으키는 두세 사람이 있었습니다. 그는 여러 번 경고한 끝에 그 두 사람을 권총으로 쏴서 죽여 버렸습니다.

얼마 후 그들은 안전하게 구조되었고, 두 사람을 죽인 그 사람은 살인 혐의로 재판정에 섰습니다. 아무도 권한을 주지 않은 상황에서 그의 총격 살인에 대한 적법성을 놓고 변호인단과 검찰 측 사이에 치열한 공방전이 오갔습니다. 증인들 사이에서도 나머지 사람들을 살리기 위해서는 두 사람을 사살하는 것이 불가피했다는 논리와, 법적으로 아무 자격이 없는 동일한 승객이 자신의 말을 듣지 않는다고 해서 사람을 둘이나 쏴 죽인 것은 명백한 살인이라는 법리가 팽팽히 맞섰습니다. 그러나 그 재판은 이 사람에게 징역 6개월의 가벼운 형을 선고하는 것으로 마무리되었습니다. 재판부는 판결문에서 판결의 요지를 다음과 같이 밝혔습니다. "당시가 비상시였기 때문에 그때 일어난 사건에 대해서는 일반적인 상황과는 다른 법을 적용하여야 한다."

  많은 사람들은 지금이 종말의 때라고 말합니다. 만물이 마지막에 가까이 왔다는 것은 신자들이 자신의 신앙을 위해서 아주 특별하게 헌신하지 않으면 안 되는 시기가 왔다는 의미입니다. 그때는 비상한 시기이므로 평상시와는 다른 시절을 지내는 것처럼 살아야 합니다. 그래서 성경은 마지막 때에는 특별한 신앙생활을 할 것을 강조하면서 신자에게 다음과 같이 충고합니다. "너희는 정신을 차리고 근신하여 기도하라"(벧전 4:7).

정신을 차리라

성경은 먼저 우리에게 정신을 차리라고 말합니다. '정신을 차린다.' 라는 것은 이치와 도리를 따져서 냉정한 마음으로 이렇게 살아도 하나님 앞에서 괜찮은지를 점검한다는 것입니다. 그래서 신자들은 마지막 때가 되면 더욱 자주 자신을 돌아보는 반성 속에서 살아야 합니다. 우리가 말세에 정신을 차려야 하는 이유는 다음과 같습니다.

첫째로, 말세는 거짓 교훈이 만연하는 시대이기 때문입니다. 아침마다 신문과 함께 배달되는 광고 전단지나 거리에 붙은 광고들을 보십시오. 거기에는 허무맹랑하고 황당무계한 말들이 얼마나 많이 쓰여 있습니까? "원가 이하 폭탄 세일", "눈물 나는 사연이 있습니다." 심지어 입시 학원임을 알리는 어떤 광고지에는 이렇게 쓰여 있었습니다. "우리 학원은 다니기만 해도 실력이 쑥쑥 늡니다."

이처럼 거짓말에 가까운 과대광고는 세상 사람들의 상술에만 이용되는 것이 아닙니다. 신앙생활의 영역에서도 마찬가지입니다. "축복받는 비결이 여기 있습니다.", "불의 종이 여기 오십니다. 여기서 성령의 불을 받으십시오.", "백 배의 물질 축복을 누리는 비결이 여기 있습니다.", "이 세미나에 참석만 해도 성경을 보는 눈이 확 열립니다." 마지막 때에는 이런 식의 구호가 교회 안에서도 유행합니다. 그래서 정신을 차리지 않으면 자신도 모르는 사이에 거짓 교훈에 휩쓸리기 쉽습니다.

둘째로, 말세는 사람들이 쾌락을 사랑하는 시대이기 때문입니다. 하나님보다 쾌락을 더 사랑하여 육체의 즐거움에 빠져 사는 시대가 지금입니다. 지금 이 시간, 세상 사람들의 관심사가 무엇인지 보십시오. 대부분의 사람들의 관심사는 하나님을 사랑하고 이웃의 행복을 증진하는 것이 아닙니다. 더 잘 먹고 마시고 입는 일에 집중되어 있습니다. 다른 사람보다 더 좋은 것을 누리기 위해, 육신의 정욕을 만족시켜 주는 일에 과도한 열심을 냅니다. 가상의 현실에서의 쾌락을 위해 인간의 존엄을 버린 때입니다. 사람을 우상으로 여기고 세상적인 즐거움에 자신도 모르는 사이에 탐닉하는 시대입니다. 그러기에 이때 그리스도인이라고 할지라도 정신을 바짝 차리지 않으면 쾌락을 사랑하는 풍조에 매몰되기 쉽습니다.

셋째로, 마지막 때가 되면 사람들은 허무한 일에 열심을 내고 인간으로서 해야 할 일을 하지 않기 때문입니다. 오늘날 사람들은 잠깐 있다 사라지는 육체에 속한 것들을 위해서 마음을 기울이고 애를 씁니다. 그러나 자신의 영혼에 대해서는 염려하지 않습니다. 땅의 나라를 위해서는 많은 것들을 준비하지만 하늘나라를 위해서는 무엇인가를 준비하지 않습니다. 잠시 있다 사라지는 이 세상을 위해서는 노고를 아끼지 않지만 죽음 이후의 영원한 삶을 위해서는 아무것도 준비하지 않습니다. 이처럼 혼란스러운 때이기에 우리는 정신을 바짝 차려야 합니다.

근신하라

또한 성경은 근신하라고 말합니다. '근신한다.' 라는 것은 '삼간다.' 라는 뜻입니다. 이것은 자신이 할 수 있는 모든 일을 다하지 않고 스스로 행해야 할 분량을 알고 분수를 지켜 자기를 부르신 최종적인 목적에 부응하는 삶을 살아야 한다는 것을 뜻합니다. 우리가 이렇게 근신하는 가운데 살아야 하나님께서 우리를 어떤 삶의 자리로 부르시든지 기민하게 반응할 수 있습니다.

예전에 군에는 5분 기동대라는 것이 있었습니다. 이러한 출동의 임무를 맡은 군인들은 긴급 상황이 생기면 한밤중에라도 연락받은 지 5분 안에 사고 현장에 도착해야 합니다. 그 많은 군인들이 밤을 새우는 것도 아닌데 어떻게 그럴 수가 있을까요? 그것은 군인들이 기동대에 차출된 동안에는 잠잘 때조차 군복을 입고 군화를 신은 채 전투 장비를 옆에 꾸려 놓고 자기 때문입니다. 그래서 비상이 발령되자마자 전투 장비만 들고 이미 시동을 걸어 놓은 트럭에 올라탑니다. 이것이 바로 근신하는 삶의 모습이라고 할 수 있습니다.

근신하는 삶은 지금은 아무 일도 일어나지 않았지만 곧 무슨 일이 일어날 것처럼 사는 것을 말합니다. 주님께서 언제 오실지는 아무도 모릅니다. 그렇지만 당장이라도 주님께서 오실 것처럼 의미 있는 인생을 오늘 살아가야 합니다.

주님께서 오늘 오신다고 생각해 보십시오. 그러면 우리가 고민하는 많은 문제들 혹은 우리가 추구하는 많은 것들이 사실은 그렇게 중요하지 않음을 발견하게 될 것입니다. 주님께서 지금 오신다고 생각하면 우리가 어떠한 삶을 살아야 하는지, 무엇을 위해 살아야 하는지가 분명해집니다.

우리는 자신이 살고 싶은 대로 살아서는 안 되는 사람들입니다. 어디론가 곧 떠날 사람처럼 신변을 정돈하고 단출한 삶을 살아야 합니다. 하늘나라를 위한 영적 전쟁에 참여할 사람이 동화 속에 나오는 공주처럼 땅에 질질 끌리는 몇 겹의 드레스를 입고 살 수는 없습니다.

그래서 우리는 마음대로 살고 싶을 때 자신에게 이렇게 말할 수 있어야 합니다. "지금은 그렇게 살아서는 안 되는 때지, 다시 오시는 주님을 어떻게 뵈려고……."

기도하라

종말의 시대를 살아가는 우리는 기도로 살아야 합니다. 예수님께서는 기도하는 사람들을 찾기가 어려운 때가 온다고 경고하셨습니다. 마지막 때일수록 기도하며 살도록 경건을 자극하는 사람들을 만나기 힘들고, 육체의 즐거움을 따라 살기를 자극하는 사람들을 쉽게 만나게 됩니다. 마지막 때는 세상 사람들뿐만 아니라 그리스도인들도 쓸데없는 일들에 너무 많이 마음을 빼앗기기 때문입니다. 그래서 마지막 때에 가까울수록 기도하기는 더 어려워집니다.

그러나 하나님의 심판을 앞둔 때는 언제나 그러하였습니다. 노아의 심판 때도, 소돔과 고모라 성이 멸망할 때에도 같은 상황이었습니다(눅 17:27-28, 유 1:7). 그들은 하나님과 신령한 것에 대해서는 아무 관심이 없었고 오로지 쾌락에만 마음을 다 빼앗긴 삶을 살았습니다.

예수님께서 다가오는 심판을 바라보며 예루살렘 성을 향해 통곡하실 때에도 사람들은 하나님의 권고하심에는 귀를 기울이지 않고 쓸데없는 일에 관심을 쏟으며 살아가고 있었습니다(눅 19:41-44). 그렇게 마음을 빼앗기면 기도할 수 없습니다.

세상은 우리를 정신없게 만들어서 기도하지 못하도록 합니다. 기도생활이라는 것은 마음과 모든 뜻을 하나님께 모음으로써 시작되는 것입니다. 사람들은 여유가 없어 기도하지 못한다고 말하지만 사실은 시간이 아니라 마음의 여유가 없기 때문입니다.

마음이 모든 것으로부터 자유로워져서 하나님을 응시하고 있는 동안에는 기도가 잘됩니다. 그러나 그렇게 하지 못하게 하는 일들이 우리 주위에서 많이 일어납니다.

그렇기 때문에 우리는 수시로 우리의 마음을 닦아 내고 마음의 채비를 단정하게 함으로써 기도에 집중해야 합니다.

주님이 곧 오실 것처럼

지금 우리는 마지막 때의 마지막 날들을 지나고 있습니다. 세상은 감각적인 것들을 추구하느라 분주하고, 육체의 쾌락과 탐심은 점점 더 치열해져 갑니다. 사면을 둘러보아도 기도하며 사는 사람들은 찾기 어렵습니다. 눈을 돌리는 곳마다 마음을 산란하게 하고 영혼의 집중을 흐리게 하는 것들이 우리를 유혹합니다. 그래서 우리는 정신을 차려야 합니다.

한 성도가 예수님 오실 날을 열렬히 그리워하며 살 수 있다면, 그래서 그분이 이 땅에 다시 오셔서 통치하시는 완전한 나라와 권세가 임할 날을 사무치게 그리워하며 살 수 있다면, 그는 참된 그리스도인입니다.

그러므로 우리는 예수님께서 곧 오실 것처럼 살아야 합니다. 잠시 일상적인 삶을 멈추고 종말의 빛 아래에서 자신의 삶을 들여다보아야 합니다. 우리가 지금 하고 있는 일이 의미 있는 일인지, 꼭 해야 하는 것인지를 돌이켜 보면서 버릴 것은 버리고 취할 것은 취하면서 살아야 합니다. 우리가 이런 종말 신앙을 가지고 순간순간을 살 때 자신을 이기며 살 수 있습니다.

마지막 때에 우리가 조국교회의 건강함에 대하여 깊은 관심을 가져야 할 이유가 여기에 있습니다. 마지막 때가 이러하기 때문에 교회는 교인들에게 시대를 분별하도록 가르치고, 자신들의 삶과 신앙을 종말의 빛 아래서 보게 만들어 하나님의 마음을 느끼도록 해주어야 합니다.

우리는 세상의 풍조가 우리를 혼란스럽게 하는 것보다 더욱 뛰어난 열심으로 정신을 똑바로 차려야 하고, 우리의 경건을 무너뜨리는 세상 풍조의 열심보다 더 두드러진 열정으로 기도하고자 노력하여야 합니다. 기도의 불꽃 없이 불꽃같은 삶을 사는 것은 불가능하기 때문입니다.

때가 어느 때인지 모르고 진리를 외면한 채 살아온 가슴 아픈 날들은 지난 세월로 족합니다. 이제는 열렬한 기도생활로 우리의 남은 날들이 모두 주님의 것이 되게 해야 하지 않겠습니까?

12장
종말 신앙으로 기도가 간절해진다 시대에서 배운다

만물이 마지막에 가까이 왔습니다

많은 사람들은 지금이 종말의 때라고 말합니다. 만물이 마지막에 가까이 왔다는 것은 신자들이 자신의 신앙을 위해서 아주 특별하게 자신을 헌신하지 않으면 안 되는 시기가 왔다는 의미입니다. 그때는 비상한 시기이므로 평상시와는 다른 시절을 지내는 것처럼 살아야 합니다. 그래서 성경은 마지막 때에는 특별한 신앙생활을 할 것을 강조하면서 신자에게 다음과 같이 충고합니다. "너희는 정신을 차리고 근신하여 기도하라"(벧전 4:7).

정신을 차리십시오

성경은 우리에게 정신을 차리라고 말합니다. '정신을 차린다.' 라는 것은 이치와 도리를 따져서 냉정한 마음으로 이렇게 살아도 하나님 앞에서 괜찮은지를 점검한다는 것입니다. 그래서 신자들은 마지막 때가 되면 더욱 자주 자신을 돌아보는 반성 속에서 살아야 합니다.

근신하십시오

'근신한다.' 라는 것은 '삼간다.' 라는 뜻입니다. 이것은 자신이 할 수 있는 모든 일을 다하지 않고 스스로 행해야 할 분량을 알고 분수를 지켜 자기를 부르신 최종적인 목적에 부응하는 삶을 살아야 한다는 것을 뜻합니다. 우리가 이렇게 근신하는 가운데 살아야 하나님께서 우리를 어떤 삶의 자리로 부르시든지 기민하게 반응할 수 있습니다.

기도하십시오

　종말의 시대를 살아가는 우리는 기도로 살아야 합니다. 예수님께서는 기도하는 사람들을 찾기가 어려운 때가 온다고 경고하셨습니다. 마지막 때일수록 기도하며 살도록 경건을 자극하는 사람들을 만나기 힘들고, 육체의 즐거움을 따라 살기를 자극하는 사람들을 쉽게 만나게 됩니다. 마지막 때는 세상 사람들뿐만 아니라 그리스도인들도 쓸데없는 일들에 너무 많이 마음을 빼앗기기 때문입니다. 그래서 마지막 때에 가까울수록 기도하기는 더 어려워집니다.

　세상은 우리를 정신없게 만들어서 기도하지 못하도록 합니다. 기도생활이라는 것은 마음과 모든 뜻을 하나님께 모음으로써 시작되는 것입니다. 사람들은 여유가 없어 기도하지 못한다고 말하지만 사실은 시간이 아니라 마음의 여유가 없기 때문입니다. 마음이 모든 것으로부터 자유로워져서 하나님을 응시하고 있는 동안에는 기도가 잘됩니다. 그러나 그렇게 하지 못하게 하는 일들이 우리 주위에서 많이 일어납니다. 그렇기 때문에 우리는 수시로 우리의 마음을 닦아 내고 마음의 채비를 단정하게 함으로써 기도에 집중해야 합니다.

손으로 고백하는 기도

1. 마지막 때가 되면 사람들은 허무한 일이나 쾌락에 열심을 냅니다. 당신의 주위를 살펴보십시오. 자신이나 가족들 혹은 가까운 사람들 중에 가치가 적은 일에 너무 많이 마음을 빼앗긴 사람은 없습니까? 그들을 바라볼 때 드는 안타까운 마음을 적어 보세요. 그리고 그들을 위해 하나님께 기도해 보세요.

2. 우리는 예수님께서 곧 오신다는 생각으로 살아야 합니다. 죽음 또는 그리스도의 재림의 순간을 생각해 보세요. 그때 당신이 가장 후회하게 될 일은 무엇일지 혹은 당신의 인생에서 있었던 일 중에서 가장 보람되게 여길 것은 무엇일지 적어 보세요.

13장

기도가 교회를 일으킨다

교회를 주신 경륜에서 배운다

내가 곧 그들을 나의 성산으로 인도하여
기도하는 내 집에서 그들을 기쁘게 할 것이며
그들의 번제와 희생을 나의 제단에서 기꺼이 받게 되리니
이는 내 집은 만민이 기도하는 집이라 일컬음이 될 것임이라

사 56:7

은총의 시대에 일어날 성전의 변화

"내 집은 만민이 기도하는 집이라"는 이 말씀은 예수님께서 성전을 정결케 한 사건에서 인용하심으로써 우리에게 익숙해졌습니다(막 11:17). 예루살렘 성전에서 비둘기 파는 자들과 돈 바꾸는 자들의 상을 엎으면서 하신 주님의 이 말씀은, 스스로 생각해 내신 것이 아니라 구약성경의 말씀을 인용하신 것이었습니다.

우선 우리는 본문을 이사야서의 문맥에서 살펴보려고 합니다. 본문은 이사야서 전체 문맥으로 볼 때 이스라엘의 회복을 예언하는 부분에서 주어진 말씀입니다. 전체가 66장으로 되어 있는 이사야서는 두 부분으로 나뉩니다. 제1부는 1장부터 39장까지이며, 제2부는 40장부터 66장까지입니다. 전반부의 주제는 하나님의 심판에 관한 예언이며, 후반부는 이스라엘을 향한 하나님의 회복을 말하고 있습니다. 후반부는 이스라엘의 회복을 선포하며 이렇게 시작합니다.

> 너희의 하나님이 이르시되 너희는 위로하라 내 백성을 위로하라 너희는 예루살렘의 마음에 닿도록 말하며 그것에게 외치라 그 노역의 때가 끝났고 그 죄

아이 사함을 받았느니라 그의 모든 죄로 말미암아 여호와의 손에서 벌을 배나 받았느니라 할지니라 하시니라(사 40:1-2).

이사야 선지자는 이사야서 42장에서는 하나님께서 이스라엘을 창조하신 목적을, 53장에서는 고난받는 메시아를 통하여 이루어질 구속을 예고합니다. 그리고 54장부터는 이스라엘의 영적 회복을 말하다가 56장에서 "내 집은 만민이 기도하는 집이라"고 기록합니다. 이스라엘이 하나님의 사랑을 다시 회복하고 영적으로 새롭게 깨어나는 은총의 시대를 맞이하게 될 때 놀라운 변화가 성전에도 있을 것인데, 그것은 다름 아니라 성전이 만민을 위한 기도의 집이 된다는 것입니다.

영적이고 내면적인 것

이스라엘은 단일 민족이 아니었습니다. 애굽에서 나올 때부터 이미 여러 다른 족속들이 유입되어 있었습니다. 하나님께서는 신앙을 고백하고 할례를 받아 이스라엘 공동체 안으로 들어온 사람이면, 혈통을 따지지 않고 모두 동일한 이스라엘 백성으로 여기셨습니다.

신앙을 고백하고 이스라엘 백성이 된 사람들 중에는 이방인들과 고자들도 있었습니다. 이런 사람들은 콤플렉스를 많이 느꼈기 때문에 이런 생각을 갖고 있었던 것 같습니다. '내가 이렇게 신체적으로 온전하지 못한데, 핏줄이 이방인인데 어떻게 하나님을 믿는 이스라엘 백성이 되어서 살 수 있을까? 정말 하나님께서 나를 당신의 나라에 들어갈 자격이 있는 사람으로 인정해 주실까?' 바로 이 점에 대해 이사야 선지자는 다음과 같이 말합니다.

> 여호와께 연합한 이방인은 말하기를 여호와께서 나를 그의 백성 중에서 반드시 갈라내시리라 하지 말며 고자도 말하기를 나는 마른 나무라 하지 말라 여호와께서 이와 같이 말씀하시기를 나의 안식일을 지키며 내가 기뻐하는 일을 선택하며 나의 언약을 굳게 잡는 고자들에게는 내가 내 집에서, 내 성 안에서 아들이나 딸보다 나은 기념물과 이름을 그들에게 주며 영원한 이름을 주어 끊어지지 아니하게 할 것이며 또 여호와와 연합하여 그를 섬기며 여호와의 이름을 사랑하며 그의 종이 되며 안식일을 지켜 더럽히지 아니하며 나의 언약을 굳게 지키는 이방인마다 내가 곧 그들을 나의 성산으로 인도하여 기도하는 내 집에서 그들을 기쁘게 할 것이며 그들의 번제와 희생을 나의 제단에서 기꺼이 받게 되리니 이는 내 집은 만민이 기도하는 집이라 일컬음이 될 것임이라(사 56:3-7).

선지자의 이 같은 가르침은 하나님을 믿는 신앙의 영적인 특성을 보여줍니다. 이 말씀을 통하여 선지자가 말한 바를 정리하면 다음과 같습니다. "너희는 여호와 종교의 육체적이고 외면적인 특성이 아니라 내면적이고 영적인 특성에 눈을 떠야 한다. 신앙생활의 영적이고 내면적인 특성을 중시하는 하나님에 대해 새로운 인식을 가져야 한다."

이사야 선지자는 하나님께서 이스라엘을 회복하실 때에는 그들이 이제껏 집착하던 혈통이나 출신 같은 육적이고 외면적인 것들이 아니라 영적이고 내면적인 것들을 중요하게 여기게 될 것을 말합니다. 그때에는 그가 이전에 어떤 모습으로 살아왔는지보다, 그의 혈통이 무엇인가보다, 그가 참으로 변화된 심령을 가졌는지의 여부가 더 중요하게 될 것입니다.

여기서 우리는 사도 바울의 말을 떠올리게 됩니다. "무릇 표면적 유대인이 유대인이 아니요 표면적 육신의 할례가 할례가 아니니라 오직 이면적 유대인이 유대인이며 할례는 마음에 할지니 영에 있고 율법 조문에 있지 아니한 것이라 그 칭찬이 사람에게서가 아니요 다만 하나님에게서니라"(롬 2:28-29).

이처럼 하나님께서는 내면의 세계를 강조하십니다. 그래서 이스라엘 백성들의 마음과 그들의 신앙생활의 본질을 고치고자 하셨습니다. 그러나 하나님께서 그렇게 하실 때마다 이스라엘 백성들은 문제의 본질을 지적하시는 하나님을 거부하고, 외면적인 삶에 만족하고 형식적인 신앙으로 흘러갔습니다. 그리하여 결국 그들은 징벌을 받아 바벨론의 포로로 끌려가게 되었습니다.

거룩한 산에 오르는 사람들

그러나 그러한 진노의 때가 모두 끝나면 하나님께서 친히 그들을 성산으로 인도하시는 때가 올 것입니다(사 56:7). 이것이 하나님께서 이스라엘을 회복하실 때 일어나는 첫 번째 일입니다.

여기에서 성산, 곧 거룩한 산은 하나님의 임재와 예배의 처소를 상징합니다. 이것은 의심할 여지없이 예루살렘을 둘러싸고 있는 거룩한 땅, 거룩한 산지라고 불리는 '시온산'을 가리킵니다. 하나님의 임재가 거기에 있고 그것을 중심으로 하나님의 왕권이 행사되는 여호와의 위대한 통치가 이 시온을 통해 온 세상에 전파된다는 하나님의 언약의 중심지를 가리킵니다. 하나님께서는 어디에나 계시지만 어느 장소에서나 동일하게 경험되는 것은 아닙니다. 특별히 구약의 시대에는 하나님께서 한 장소를 택해서 다른 땅과 구별하여 거룩하게 하셨습니다. 그리고 그곳에서 당신의 백성들을 만나 주셨습니다. 그곳이 바로 성산입니다.

하나님께서는 이스라엘 백성들을 성산으로 인도한 후에 당신의 집에 있게 하겠다고 말씀하십니다. 여기서 우리는 한 가지 사실을 깨닫습니다. 그것은 하나님께서 이스라엘을 회복시키고자 하실 때는 반드시 그들의 신앙의 중심지인 성전에 놀라운 변화가 생긴다는 것입니다. 이것은 종말론적으로 교회에 적용되는 말씀입니다.

사람들이 하나님의 교회에 쏟는 관심은 하나님을 향한 관심과 매우 흡사합니다. 삶이 형통하고 잘될 때는 많은 사람들이 하나님도, 교회도 떠납니다. 그래서 하나님을 공경하는 삶을 살지 못하고 자기 자신을 위해 살고 세상을 사랑하는 일에 열심을 냅니다. 하나님의 나라와 인생의 진정한 의미에 대해서 생각하려 하지 않습니다. 하나님의 백성이라고 해서 예외는 아닙니다. 깨어 있지 않으면 세상 물결에 휩쓸려 그런 식으로 살아가기를 좋아하는 것입니다.

그러나 하나님께서 당신의 백성을 회복시키실 때에는 먼저 교회에 변화가 일어납니다. 신앙을 회복하는 모든 과정을 통해서 하나님께서는 그들이 교회와의 관계를 새롭게 하도록 역사하십니다. 그래서 하나님과의 관계에서 모든 것을 생각하려는 사람들이 교회로 몰려오면서 교회에 변화가 일어납니다. 성산으로 올라가는 성도의 무리가 바로 그들입니다. 이것은 하나님을 믿지 않던 사람들이 교회로 돌아오는 것을 의미하기도 하지만, 하나님을 믿으며 살던 하나님의 백성들이 하나님을 믿는 참된 신앙의 도리를 회복함을 보여줍니다.

이스라엘 백성들이 성산에 올라가서 무엇을 하였을까요? "내가 곧 그들을 나의 성산으로 인도하여 기도하는 내 집에서 그들을 기쁘게 할 것이며 그들의 번제와 희생을 나의 제단에서 기꺼이 받게 되리니"(사 56:7). 성산에서 하나님의 백성들은 하나님으로 인하여 기뻐하였을 것입니다. 그리고 하나님께서는 그들이 드리는 번제와 희생을 기쁨으로 열납하셨을 것입니다.

우리가 성산에 올라가서 뵈올 분이 누구입니까? 우리가 교회에 나오는 이유가 무엇 때문입니까? 하나님을 만나기 위함이 아닙니까? 그러나 우리는 때가 되면 예배를 드리러 나오지만 정말 하나님을 대면하고 싶어하는 사람들인지 진지하게 생각하여야 합니다. 단지 습관에 따라, 예배드리지 않을 때 느낄 뭔가 찜찜한 기분을 면하기 위해서 교회에 나오고 있지는 않습니까?

지금이야말로 우리는 하나님을 만나기 위해 성산으로 올라가야 합니다. 잘못 살았던 삶을 뉘우치면서 거룩한 하나님과의 만남이 있는 성산으로 올라가는 성도들이 되어야 합니다. 하나님께로 나올 때마다 자신의 부족함을 깊이 깨닫고, 자신의 경박함으로 깊이 마음 아파해야 합니다. 하나님의 은혜밖에는 달리 의지할 것이 없음을 깨달으며 하나님을 붙드는 마음으로 기도하는 신자들이 늘어나야 합니다. 이제껏 익숙했던 형식적인 신앙을 미워하고, 빈 깡통 같은 신앙생활을 했었다는 사실에 마음 아파하는 그리스도인들이 되어야 합니다.

교회 안에 이런 신앙적인 각성을 가진 사람들이 늘어나는 것은 교회가 영적으로 새로워졌다는 증거입니다. 이러한 변화를 통해서 역사의 서광은 밝아 옵니다.

기도의 사람이 기도의 집을 만든다

하나님께서 이스라엘을 회복하실 때 일어나는 두 번째 일은 하나님의 집이 만민이 기도하는 집이라고 일컬음을 받게 되는 것입니다(사 56:7). 하나님께서 한 나라를 향해 은혜를 베풀고 은총을 쏟아 주실 때가 되면 먼저 교회에 놀라운 변화가 일어납니다. 그것은 오랫동안 잠들어 있던 교회가 기도하는 집으로 변화되는 것입니다.

본문의 '만민'은 주격으로 해석하여 '만민이 기도한다.' 라고 해석할 수도 있고, 목적격으로 해석하여 하나님의 백성들이 '만민을 위해 기도한다.' 라고 해석할 수도 있습니다. 그러나 이사야서 56장에 등장하는 이방인과 고자의 이야기로 볼 때, 이는 혈통적 이스라엘뿐만 아니라 하나님을 믿는 이방인과 심지어 고자까지도 모두 모여서 '교회가 열방의 많은 사람들을 위해 기도하는 집이 될 것이다.' 라는 의미로 해석하는 것이 더 적절할 듯합니다. 이것은 결국 교회가 혈통적 이스라엘의 껍질을 깨고, 하나님 나라의 복음이 천하 만민에게 전해져 성취될 영광스러운 모습을 예언합니다.

그러면 교회가 기도하는 집으로 변화되기 위해서 우리는 어떻게 해야 할까요? 어느 교회는 '내 집은 만민이 기도하는 집' 이라고 써 붙이기도

합니다. 그러나 중요한 것은 외치는 구호가 아니라 실제로 교회 안의 성도들이 그 집이 기도하는 집이라고 일컬음을 받도록 그렇게 기도하고 있느냐는 것입니다.

교회가 기도하는 집이 되는 조건은 오직 하나입니다. 그것은 교회 안의 성도들이 기도하는 사람들이 되는 것입니다. 교회 안에는 기도의 사람들로 채워지고, 그 기도의 사람들의 내면은 하나님의 마음으로 가득 차는 것입니다. 그리하여 그들이 하나님께서 원하시는 삶을 살아가는 것, 그런 사람들로 교회가 가득 차는 것이 바로 교회가 기도하는 집이 된다는 것입니다.

나 혼자 믿는 것으로 만족할 수 없다

예전에 우리 교회에 한 할머니가 계셨습니다. 칠순을 바라보는 노년에 하나님을 만나고 깊이 변화되셨습니다. 그분은 늘 두세 시간 동안 계속되는 설교에도 조금도 자세를 흐트러뜨리지 않았습니다. 다니엘서 9장을 본문으로 넉 달 정도를 '역사를 움직이는 하나님의 일꾼'이라는 주제로 설교한 적이 있었습니다. 그 시리즈를 마치는 날, 할머니께서 눈물이 그렁그렁한 채 제 손을 잡고 이렇게 말씀하셨습니다. "목사님, 너무 많은 세월을 무지 가운데 지냈습니다. 제가 비록 이 나이가 되었지만 역사를 움직이는 그리스도인으로 살다가 가고 싶습니다."

하나님의 마음을 아는 신자라면 자기 홀로 하나님의 백성으로 살아가는 것에 만족할 수 없습니다. 황무한 이 땅과 냉담한 교회를 바라보시는 하나님의 애끓는 심정을 아는 사람들은 자기 혼자만 불꽃처럼 사는 것으로 만족할 수 없습니다.

그 사람들은 교회만이 아니라 온 땅이 하나님의 나라가 되기를 소원합니다. 하나님을 멸시하고 그분의 살아 계심을 인정하지 않는 수많은 사람들과 그리스도를 모르는 북녘의 동포들, 이름도 알 수 없는 땅에 흩어져 사는 미전도 종족들도 모두 하나님의 형상을 따라 창조된 인생들임을 알기에 그들이 모두 구원받고 그리스도를 인정하기까지 그들의 마음에는 사그라지지 않는 불이 있습니다. 그래서 그들은 하나님을 알지 못하는 사람들을 위해 눈물로 기도합니다.

이 세상 모든 사람이 하나님의 손에 의해 창조된 인생들이기에 마땅히 그분께 영광을 돌리며 살아야 합니다. 그런데 하나님의 위대하심을 먼저 안 우리가 아니면 누가 그들에게 인생의 참된 본분을 전할 수 있겠습니까? 인생의 참된 본분을 깨닫지 못했기에 고통 가운데 살아가는 사람들을 대신하여 누가 울어 줄 수 있겠습니까? 하나님의 마음을 품은 교회가 아니면 누가 그들을 품고 기도할 수 있겠습니까?

기도의 사람이 필요하다

어떻게 하면 교회가 영혼을 변화시킬 수 있는 건강한 교회가 될 수 있을까요? 좋은 건물에 안락한 시설을 갖추었다고 교회가 그런 힘을 갖는 것이 아닙니다. 오직 하나님의 말씀으로 각성한 교인들이 기도에 자신을 바칠 때 건강한 교회가 됩니다.

우리에게는 그럴듯한 말이나 사람들의 마음을 사는 재주를 지닌 사람이 아니라 세상 모든 민족을 향한 주님의 뜨거운 마음을 나누어 가진 사람들이 필요합니다. 그리스도의 사랑 때문에 복음을 전하는 사람들이 필요합니다. 복음을 말재간으로 전하는 사람이 아니라 그리스도의 사랑에 대한 감격으로 전하는 전도자가 필요합니다. 아들을 십자가에 못 박으시던 하나님의 마음을 생각하면 견딜 수 없는 마음을 가진 사람이 필요합니다. 교회는 이렇게 하나님의 마음이 부은 바 된 사람들이 모여서 기도하는 곳입니다.

그러므로 교회가 이 세상에 보냄을 받은 목적을 성취하기 위해 가장 먼저 해야 할 일은 기도하는 것입니다. 오늘날 이 시대와 교회는 교회의 참된 부흥과 거룩한 성도들의 삶의 창성함을 위하여 기도할 사람들을 필요로 하고 있습니다. 그래서 우리가 먼저 기도의 사람이 되어야 합니다. 기도 자체가 인격의 특징이 되어 버린 사람들이 되어야 합니다.

이렇게 살아온 성도들은 하나님의 나라에서 받을 상금이 큽니다. 교회는 교회를 위해 수고한 성도들의 희생을 다 기억하지 못합니다. 혹시 교회가 그것을 기억한다 하더라도 그 고귀한 섬김을 갚아 줄 능력이 없습니다. 그러나 교회의 머리이신 예수님께서는 이 모든 것을 다 헤아려 기억하고 결국에는 갚아 주실 것입니다. 하나님을 기쁘시게 하기 위하여 몸부림쳤던 성도들과 대충 살았던 사람들을 하나님께서 똑같이 취급하신다면 그것은 그분의 성품에 어울리지 않습니다.

그러나 우리가 주님의 명령에 부응하여 교회를 기도하는 집으로 변화시키기 위해서는 먼저 자신을 이겨야 합니다. 기도하지 않고 사는 데에는 노력이 필요 없지만 기도하러 교회에 나오는 데에는 노력이 필요합니다. 아침 늦게까지 잠자려고 하는 것은 따로 결심하지 않아도 됩니다. 그러나 새벽에 잠자리를 박차고 일어나 하나님께 매달리는 데에는 결단이 필요합니다. 열렬한 기도생활의 결단을 위해서는 반드시 희생이 필요하고 이제껏 살아온 안일한 삶에 대한 철저한 부인이 요구됩니다.

기도의 사람들을 본받아

교회의 역사가 성령의 역사라면 이 성령의 역사 뒤에는 보이지 않는 기도의 역사가 있습니다. 교회의 영광스러운 부흥 뒤에는 생명을 걸고 기도하던 사람들이 있었습니다. 그래서 수많은 선교의 역사가 일어났습니다. 그러나 피눈물 나는 기도의 사람들을 기억하는 사람들은 드뭅니다. 사람들은 위대한 선교의 역사만을 기억합니다. 하지만 하나님께서는 선교의 역사 뒤에 있었던 기도의 사람들을 기억하실 것입니다. 우리는 천국에 가서야 화려한 선교의 역사 뒤에 서 있던 기도의 사람들을 만나게 될 것입니다. 그리고 그들이 하나님의 나라에서 얼마나 영광스러운 존재인지를 알게 될 것입니다.

교회의 역사는 찰스 피니(Charles G. Finney)를 19세기 미국을 움직였던 복음 전도자로 기록합니다. 신학적으로 보면 그는 여러 면에서 정통 신앙을 벗어난 사람입니다. 그러나 그는 매스 미디어나 확성기가 없던 시대에 50만 명이나 되는 사람들을 그리스도의 품에 안기게 하였습니다. 많은 역사가들은 찰스 피니를 기억하고, 그의 생애를 탐구합니다.

그러나 그를 위해 기도하던 아벨 클레리(Abel Clary)의 이름을 아는 사람은 그리 많지 않습니다. 그는 찰스 피니를 위해 기도하기로 헌신한 사람이었습니다. 그는 무릎 꿇는 기도로 피니의 전도 사역에 헌신하였습니다. 피니가 전도 집회에서 외칠 때 그는 골방에서 12시간 이상을 기도하였습니다. 그는 매우 병약한 사람이었습니다. 그래서 하루 중 절반 이상을 기도하는 데 보내면 나머지 시간은 식사와 굳어진 다리를 펴기 위해 침상에 누워 지내야 했습니다. 이처럼 하나님께서는 병약한 아벨 클레리의 기도를 들으셔서 1830년에 로체스터에서 찰스 피니가 복음을 전한 후 1년

동안 10만여 명의 영혼들이 회개의 강물에 떠밀려 예수 그리스도의 피 묻은 복음에 안기게 하셨습니다.

스코틀랜드의 종교개혁가 존 녹스(John Knox)의 사위였던 존 웰시(John Welsh of Ayr)는 기도의 사람이었습니다. 그가 하루에 7-8시간을 기도하며 스코틀랜드의 영혼들을 위해 헌신하였을 때 타락한 가톨릭 땅에 장로교가 세워지는 기적이 일어났습니다. 그는 죽을 때까지 이런 기도를 올렸다고 합니다. "오, 하나님, 이 스코틀랜드를 제게 주시옵소서. 그러지 않으시려거든 제게 죽음을 주옵소서."

위대한 부흥이 오기 전에 하나님께서는 항상 그 조짐을 보여주셨습니다. 그것은 주님의 마음으로 간절히 기도하는 사람들을 결집시키는 것이었습니다. 하나님께서는 그들로 하여금 간절히 기도하게 하셨습니다. 굳게 닫힌 빗장을 부수고 하나님의 은혜의 강물이 밀려 들어가는 선교의 역사는 하나님 앞에 주님의 분신처럼 자신을 쏟아부으며 기도하던 사람들에 의해서 이루어졌습니다. 오직 그리스도 예수의 십자가의 피에 젖은 사람들만이 예수의 분신처럼 하나님 앞에 매달릴 수 있습니다. 선교 운동이나 행정 계획보다 더 중요한 것이 바로 이러한 영적 생명입니다.

그러므로 여러분은 기도의 사람이 되어야 합니다. 이것이 이 마지막 시대에 하나님께서 우리에게 부탁하신 일입니다. 여러분이 불타는 마음으로 민족을 위해 기도하고, 아직 예수 그리스도를 알지 못해 고통스러워하는 사람들을 품고 기도한다면, 우리가 이름 없는 성도로 이 세상을 마감한다 할지라도 이 얼마나 영광스러운 일이겠습니까? 가장 작은 기도의 사람이 기도하지 않는 거대한 교회를 깨울 수 있습니다. 그는 비록 작은 사람이지만 그와 함께하는 하나님께서 위대하시기 때문입니다.

13장
기도가 교회를 일으킨다 교회를 주신 경륜에서 배운다

은총의 시대에 일어날 성전의 변화

이사야 선지자는 이사야 42장에서는 하나님께서 이스라엘을 창조하신 목적을, 53장에서는 고난받는 메시아를 통하여 이루어질 구속을 예고합니다. 그리고 54장부터는 이스라엘의 영적 회복을 말하다가 56장에서 "내가 곧 그들을 나의 성산으로 인도하여 기도하는 내 집에서 그들을 기쁘게 할 것이며 그들의 번제와 희생을 나의 제단에서 기꺼이 받게 되리니 이는 내 집은 만민이 기도하는 집이라 일컬음이 될 것임이라"고 말합니다.

거룩한 산에서 하나님을 만납니다

진노의 때가 모두 끝나면 하나님께서 친히 그들을 성산으로 인도하시는 때가 올 것입니다. 이것이 하나님께서 이스라엘을 회복하실 때 일어나는 첫 번째 일입니다. 여기에서 성산, 곧 거룩한 산은 하나님의 임재와 예배의 처소를 상징합니다. 이것은 의심할 여지없이 예루살렘을 둘러싸고 있는 '시온산'을 가리킵니다. 하나님께서는 어디에나 계시지만 어느 장소에서나 동일하게 경험되는 것은 아닙니다. 특별히 구약의 시대에는 하나님께서 한 장소를 택해서 다른 땅과 구별하여 거룩하게 하셨습니다. 그리고 그곳에서 당신의 백성들을 만나 주셨습니다. 그곳이 바로 성산입니다.

기도의 사람이 기도의 집을 만듭니다

하나님께서 이스라엘을 회복하실 때 일어나는 두 번째 일은 하나님의 집이 만민이 기도하는 집이라고 일컬음을 받게 되는 것입니다. 본문의 '만민'은 주격으로 해석하여 '만민이 기도한다.'라고 해석할 수도 있고, 목적격으로 해석하여 하나님의 백성들이 '만민을 위해 기도한다.'라고 해석할 수도 있습니다. 그러나 이사야서 56장에 등장하는 이방인과 고자의 이야기로 볼 때, 이는 혈통적 이스라엘뿐만 아니라 하나님을 믿는 이방인과 심지어 고자까지도 모두 모여서 '교회가 열방의 많은 사람들을 위해 기도하는 집이 될 것이다.'라는 의미로 해석하는 것이 더 적절할 듯합니다. 이것은 결국 하나님 나라의 복음이 천하 만민에게 전해져 성취될 영광스러운 모습을 예언합니다.

교회가 기도하는 집이 되는 조건은 오직 하나입니다. 그것은 교회 안의 성도들이 기도하는 사람들이 되는 것입니다. 교회 안에는 기도의 사람들로 채워지고, 그 기도의 사람들의 내면은 하나님의 마음으로 가득 차는 것입니다. 그리하여 그들이 하나님께서 원하시는 삶을 살아가는 것, 그런 사람들로 교회가 가득 차는 것이 바로 교회가 기도하는 집이 된다는 것입니다.

기도의 사람이 되십시오

여러분은 기도의 사람이 되어야 합니다. 이것이 이 마지막 시대에 하나님께서 우리에게 부탁하신 일입니다. 여러분이 불타는 마음으로 민족을 위해 기도하고, 아직 예수 그리스도를 알지 못해 고통스러워 하는 사람들을 품고 기도한다면, 우리가 이름 없는 성도로 이 세상을 마감한다 할지라도 이 얼마나 영광스러운 일이겠습니까? 가장 작은 기도의 사람이 기도하지 않는 거대한 교회를 깨울 수 있습니다. 그는 비록 작은 사람이지만 그와 함께하는 하나님께서 위대하시기 때문입니다.

손으로 고백하는 기도

1. 우리는 기도의 사람이 되어야 합니다. 자신을 위해서도 기도해야 하지만 아직 하나님을 알지 못한 사람들을 품고도 기도해야 합니다. 그러나 우리의 기도는 자기 자신에게만 그칠 때가 얼마나 많은지 모릅니다. 아직 하나님을 모르는 사람들 중에서 당신이 품고 기도하여야 할 사람을 떠올리며 그들의 기도 제목을 하나님께 글로 표현해 보세요.

2. 피조물에 불과한 한 사람이 창조주 하나님과 교통할 수 있도록 허락받은 기도의 자리는 그리스도인의 가장 위대한 특권입니다. 이 책을 공부하는 동안 당신의 기도생활에서 변화된 부분이 있나요? 우리를 기도의 자리로 부르셔서 우리로 하여금 하나님을 의지하며, 사랑하며 살게 하신 하나님께 감사의 마음을 고백해 보세요.

참고 문헌

마틴 로이드존스. 『설교와 설교자』. 정근두 역. 서울: 복있는사람, 2012.

리챠드 백스터. 『참목자상』. 박형용 역. 서울: 생명의말씀사, 1998.

알 에이 토레이. 『기도와 영력』. 임성택 역. 서울: 생명의말씀사, 1988.

알 에이 토레이. 『성령론』. 편집부 역. 서울: 대한기독교서회, 1989.

앤드류 머리. 『그리스도의 기도 학교에서』. 김성환 역. 서울: 생명의말씀사, 1995.

이상근. 『신약주해: 누가복음』. 서울: 대한예수교장로회 총회교육부, 1979.

이 엠 바운즈. 『기도의 능력』. 이정윤 역. 서울: 생명의말씀사, 2003.

존 칼빈. 『기독교강요 3(하)』. 고영민 역. 서울: 기독교문사, 2007.

헬렌 웻셀. 『챨스 피니의 자서전』. 양낙흥 역. 서울: 생명의말씀사, 1984.

F. F. 브루스. 『신약사』. 나용화 역. 서울: 기독교문서선교회, 2014.

Fawcett, Benjamin. "The Compiler's Preface." in *The Saints' Everlasting Rest*. Salop: J. Cotton and J. Eddowes, 1759.

Henry, Matthew. *Genesis to Deuteronomy*, in *Matthew Henry's Commentary on the Whole Bible*, vol. 1. Peabody: Hendrickson Publishers, 2006.

Keil, C. F., F. Delitzsch. *Isaiah*, in *Commentary on the Old Testament*. vol. 7, trans. James Martin. Grand Rapids: Wm. B. Eerdmans Publishing Company, 1982.

Martin, Ralph P. *James*, in *Word Biblical Commentary*. vol. 48. Waco: Word Books, 1988.

사명선언문

너희가 흠이 없고 순전하여……세상에서 그들 가운데 빛들로
나타내며 생명의 말씀을 밝혀 _ 빌 2:15-16

1. 생명을 담겠습니다
만드는 책에 주님 주신 생명을 담겠습니다.
그 책으로 복음을 선포하겠습니다.

2. 말씀을 밝히겠습니다
생명의 근본은 말씀입니다.
말씀을 밝혀 성도와 교회의 성장을 돕겠습니다.

3. 빛이 되겠습니다
시대와 영혼의 어두움을 밝혀 주님 앞으로 이끄는
빛이 되는 책을 만들겠습니다.

4. 순전히 행하겠습니다
책을 만들고 전하는 일과 경영하는 일에 부끄러움이 없는
정직함으로 행하겠습니다.

5. 끝까지 전파하겠습니다
모든 사람에게, 땅 끝까지, 주님 오시는 그날까지
복음을 전하는 사명을 다하겠습니다.

서점 안내

광화문점 서울시 종로구 새문안로 69 구세군회관 1층
02)737-2288(T) 02)737-4623(F)

강남점 서울시 서초구 신반포로 177 반포쇼핑타운 3동 2층
02)595-1211(T) 02)595-3549(F)

구로점 서울시 구로구 시흥대로 577 3층
02)858-8744(T) 02)838-0653(F)

노원점 서울시 노원구 동일로 1366 삼봉빌딩 지하 1층
02)938-7979(T) 02)3391-6169(F)

분당점 경기도 성남시 분당구 황새울로 315 대현빌딩 3층
031)707-5566(T) 031)707-4999(F)

신촌점 서울시 마포구 서강로 144 동인빌딩 8층
02)702-1411(T) 02)702-1131(F)

일산점 경기도 고양시 일산서구 중앙로 1391 레이크타운 지하 1층
031)916-8787(T) 031)916-8788(F)

의정부점 경기도 의정부시 청사로47번길 12 성산타워 3층
031)845-0600(T) 031)852-6930(F)

인터넷서점 www.lifebook.co.kr